ALL ABOUT HISTORY 萤火虫 REFLY 045

U1002048

PHARAOHS

古埃及法老

[英] 莎拉·班克斯 查尔斯·金杰 编著
曹明玉 译

中国画报出版社·北京

图书在版编目（CIP）数据

古埃及法老 /（英）萨拉·班克斯,（英）查尔斯·金杰编著；曹明玉译. -- 北京 : 中国画报出版社, 2023.4（2025.5重印）
（萤火虫书系）
书名原文: All About History: Pharaohs
ISBN 978-7-5146-2184-6

Ⅰ. ①古… Ⅱ. ①萨… ②查… ③曹… Ⅲ. ①埃及—古代史 Ⅳ. ①K411.2

中国国家版本馆CIP数据核字(2023)第028064号

Articles in this issue are translated or reproduced from All About History: Book of the Pharaohs Second Edition and are the copyright of or licensed to Future Publishing Limited, a Future plc group company, UK 2021.

FUTURE

北京市版权局著作权合同登记号：01-2022-6642

古埃及法老

【英】萨拉·班克斯 查尔斯·金杰 编著　曹明玉 译

出 版 人：方允仲
审　　校：崔学森
责任编辑：李　媛
内文排版：赵艳超
责任印制：焦　洋

出版发行：中国画报出版社
地　　址：中国北京市海淀区车公庄西路33号　邮编：100048
发 行 部：010-88417418　010-68414683（传真）
总编室兼传真：010-88417359　版权部：010-88417359

开　　本：16开（787mm×1092mm）
印　　张：13.5
字　　数：280千字
版　　次：2023年4月第1版　2025年5月第3次印刷
印　　刷：三河市金兆印刷装订有限公司
书　　号：978-7-5146-2184-6
定　　价：78.00元

欢迎来到

法老的世界

提起古埃及，人们的脑海里就会浮现一系列形象：金字塔、木乃伊、象形文字、神圣动物、尼罗河以及其他的诸多事物。不过，这一异彩纷呈的图像文明，其核心是埃及人，尤其是其君主法老。古埃及跨越三千年的历史，历经170多位法老的统治。法老被认为是沟通神界和人间的中介，神圣权力在其死后将传递给新的法老，自己则成为神。这些统治者的日常生活是什么样的？他们肩负着何种责任？宗教和政治是以什么样的方式，影响这个国家的团结和分裂的？从古王国诸王朝的兴衰到一些法老个人的沉浮，让我们深入这个迷人的多彩世界，揭开古埃及统治者的神秘面纱，拨开献祭和棺椁的重重迷雾。

目录

最初的法老

分裂的土地

纳尔迈也被称为美尼斯，通常被看作埃及第一王朝的建立者，也是埃及的统一者

都可以见到有关他伟大功绩的记录，每一份遗产基本都印证了其他艺术品的记述。

将纳尔迈统治时期的艺术品与其前后时代的作品放在一起进行研究，我们就能厘清这位埃及第一个国王给他的国家和文化带来了哪些变化。另外，生物考古学的最新研究，为我们逐步展示了这一时期影响聚居点迁徙的原因和耕地的状态。所以，借助这些弥足珍贵的残损艺术品，我们可以勾勒出埃及第一位统治者复杂的生活。

纳尔迈调色板出土于埃及南部赫拉克里奥坡里斯的一处遗址。

无论如何，有一件艺术品值得我们予以特别的关注，它就是世界上最古老的历史档案文献之一：纳尔迈调色板（Narmer Palette）。纳尔迈调色板发现于 1898 年，自发现之日起，就被视作有史以来最重要的历史发现之一。纳尔迈调色板正反两面都雕刻有精致生动的图案，它们是研究纳尔迈国王本人的重要资料，调色板两面的这些图案，简要地展示了他一生的功业。

通常来讲，调色板是埃及人用来研磨和敷用化妆品的一种器具。化妆在古代埃及很普遍，很多人会在眼睛下方擦抹化妆品，以抵御阳光的强烈照射。狩猎者在狩猎前也有涂抹化妆品的习惯。古埃及人使用这些化妆品的目的与我们今天类似，主要是为了展现时尚和突显美感。不

法老们在孟斐斯附近建造了大金字塔

过，纳尔迈调色板尺寸较大，很可能是在宗教神庙中举行仪式时使用的。纳尔迈调色板的尺寸是普通化妆用调色板的两倍，或许它仅仅是发挥象征性的作用，而没有什么实际功能，也或许是给神庙内的神像化妆时使用的。无论其用处是什么，我们都堪称幸运，纳尔迈调色板历经五千年的沧桑，依然完好无损。

现在，谈一谈纳尔迈国王的名字。通常来说，名字只是用来简单地标记一个历史人物而已，但是纳尔迈的名字却极富争议。埃及人最为著名的是创造了兼具艺术性和象征性的象形文字。象形文字仿佛图画，但却发挥着语言的双重作用，有时候代表的是音节，有时候则是图案。我们注意到，纳尔迈调色板上记录了这个早期象形文字文献案例，纳尔迈的名字就是如此。

在调色板一面上部中间位置和另一面紧靠国王本人形象的位置，可以看到两个象形文字：鲇鱼和凿子。在古埃及，鲇鱼的发音是“nr”，凿子有时发音是“mr”。如果从语音上考虑，这两个颇具特征的器物表明国王的名字是纳尔迈“narmer”，按照现代英语可译为“鲇鱼－凿子”。不过，有学者认为“纳尔迈”一直以来都是误称。首先，凿子有另外一个更为常见的发音。其次，鲇鱼本身可能就代指国王，而非发音音节。在调色板的其他部分，纳尔迈被描绘为鹰隼和公牛，在其他一些艺术品上，又可能被描述为蝎子。鲇鱼可能是对动物王国中强有力动物的描摹——鹰隼和蝎子一类让人心惊胆战的猎食者都是力量的代表。

文献中有记载，后来的国王美尼斯与纳尔迈属于同一时期。美尼斯可能是纳尔迈的前任或者继任者，也有可能就是纳尔迈本人。由于国王名字一度在历史中湮灭，所以美尼斯的意思只是“某个人”或是“不朽的人”，目前无法确定。还有一种可能，纳尔迈是国王的荷鲁斯（Horus，古埃及神话中法老的守护神）的名字。不论是纳尔迈、美尼斯或是别的名字，历史认定的埃及第一位国王就是“鲇鱼－凿子”。

幸运的是，我们对纳尔迈在成为埃及第一位

孟斐斯——白墙之城

发现古埃及文化、商业和权力的中心

根据传说，在埃及统一后，国王纳尔迈（又称美尼斯）建立了孟斐斯城。孟斐斯位于此前被称作下埃及的尼罗河三角洲南部附近，它随后快速发展成一个重要的商业中心，并在后来的大约一千年里成为法老的驻跸之地。在孟斐斯纷繁复杂的权力纠葛中，法老们监督协调修建了宏伟的金字塔和神庙，其中一些屹立至今。

这座城市初建时被称作“白墙”之城，是因为建造国王宫殿的泥砖被粉刷成了白色。它还与纪念城市守护神普塔的另一个名字胡特卡普塔（Hut-Ka-Ptah，意为“普塔灵魂之家”）息息相关。在千年后这是个非常重要的名字，因为希腊人后来将胡特卡普塔这个旧城名翻译成希腊语埃吉普托斯（Aegyptos），从而产生了我们今天所知道的埃及这个国家的名字。

尽管在公元前几个世纪孟斐斯失去了都城地位，但亚历山大大帝还是选择在孟斐斯加冕为埃及法老，这让他与埃及第一位统治者纳尔迈联系了起来。遗憾的是，到7世纪时这座城市已经沦为废墟，不过其遗产被转移到邻近的开罗，这座埃及古老的伟大城市融入新城而焕发生机。

▲ 一些人认为乌姆·卡伯的 B17、B18 墓室安葬的是纳尔迈国王

统一王国的国王之前的地位有较多的了解。纳尔迈在登上王位之前，埃及一直分为两个政权。纳尔迈的王国位于南部，即众所周知的上埃及。下埃及位于北部，与地中海相邻，与叙利亚接壤，靠近巴勒斯坦。下埃及位于北方，这听起来似乎有些奇怪，但王国的命名要根据尼罗河河水的流向——尼罗河从南向北流过。纳尔迈成为上埃及的国王，并在不久之后将注意力转向他的邻居下埃及，他将下埃及收入囊中之后统一了上下埃及。

关于纳尔迈为何要统一上下埃及未见历史记录，不过我们根据对这个时代的了解，可以做出合理的推测。众所周知，尼罗河是埃及这片神奇土地的生命之源。希腊历史学家希罗多德在大约公元前 5 世纪到访埃及时，将埃及描述为“尼罗河的赠礼”。他的本意并非赞美埃及人民，而是意在表达没有尼罗河，埃及就不会发展出现有的文明高度。尼罗河的重要性确实无可争议，每年河水先变红，再变绿，接着上涨 30 米，漫出堤岸。河水退去之后会留下松软的、富含养料的土壤，埃及人利用这些肥沃的土壤进行耕种。古埃及人并不了解尼罗河颜色的变化是因为河水带来了上游富含矿物质的土壤和腐烂的植被，也不了解水位上涨是因为冰雪融化和夏季充沛的雨水，他们认为这是一份神奇的礼物。

尼罗河对古埃及人至关重要。

几乎所有的埃及人都居住在尼罗河附近，贫瘠的沙漠地区的农民也会迁居至此，在尼罗河沿岸定居，人口因而不断增加。也许正是因为这种情况，纳尔迈和他的宫廷官员感受到了压力，从而去扩张和获得新的土地给他们的人民。但北部可扩张的土地较为有限，依靠尼罗河才能找到富饶的土地，偏离尼罗河就毫无生机，一无所有。

▶ 纳尔迈权标头（Narmer Macehead）刻画的也是纳尔迈征服下埃及的故事

▼ 对王冠的刻画，以后都是上埃及和下埃及王冠融合的形象

纳尔迈调色板正面展示的
是埃及第一位统一王国的
君主的仪仗队伍

然而，纳尔迈王国的人口数量可能很少，这一时期埃及人口的数量大约在 20 万到 200 万之间。有知名学者认为，上埃及并不缺乏可供耕种的土地，往北扩张除了可能是因为觊觎北部邻居丰饶的土地，也可能是因为忌妒他们的贸易关系。下埃及阻断了上埃及人与中东地区的联系，纳尔迈宫廷想要的域外商品也无法获得。占领北部地区意味着可以控制中东和地中海的边境地区，进而获取更为便利的贸易通道。

因此，纳尔迈领导的上埃及如果征服了它的邻居下埃及，就会获得更好的发展。上下埃及统一之后，政权从上埃及腹地的赫拉克里奥坡里斯（Hierakonpolis）迁移到下埃及的孟斐斯（Memphis），埃及经济中心如果迁移到孟斐斯，意义将非常深远，因此纳尔迈宫廷对下埃及更加虎视眈眈。

在纳尔迈调色板上发现的证据表明，下埃及确实是被暴力征服的，战斗中的纳尔迈国王被描绘为一头公牛的形象，正在摧毁城市的围墙。调色板的背面记载了战斗胜利之后，国王趾高气昂地站立着，左手抓着被征服者的头发，右手高举权杖准备重击对方。纳尔迈头戴高高的上埃及白色王冠。纳尔迈重击敌人的这一姿势，将在接下来的三千年里被他的继任者们不断模仿。

与此同时，我们也是第一次在调色板同一面看到纳尔迈将自己刻画为荷鲁斯形象。同样的战败敌人被鹰隼抓住鼻子，鹰隼用另一只利爪紧抓绳索将敌人牢牢捆住，鹰隼这种动物代表的就是荷鲁斯。正如调色板展示的那样，纳尔迈与荷鲁斯是同一实体。调色板将纳尔迈描绘成荷鲁斯神在人间的代表，这一传统也为后世法老们遵循。

在调色板另一面公牛形象的上方，我们似乎穿越到了纳尔迈行进的仪式队伍之中。纳尔迈被描绘成一个巨人，至少有他前方人物形象两倍大，他头上戴着下埃及的王冠，这也证实了他对上下埃及两个王国的统治。在行进队伍的尽头，喜爱豹皮的侍臣和旗手的后面，便是被征服的敌人。这些敌人已经身首异处，双手依然是绑缚背后的姿势。这些图案展现的信息简单明了：悔恨吧，敢公然违抗神圣国王的人。埃及已经统一。

埃及发展成为古代超级大国，纳尔迈的影响不可谓不大。他不仅将埃及的土地收归一统，置于一个统治者治下，而且从根本上说，由一位国王或者所谓后来的法老对国家进行治理，会带领埃及发展成为一个强国。可以想象一下，埃及从一个不同群体追逐各自不同利益、四分五裂的国家，发展成为一个统一的、拥有共同精神内核的整体，朝着一个共同的目标努力——这就是纳尔迈国王要告诉后世统治者的真谛。

依靠尼罗河才能找到富饶的土地，偏离尼罗河就毫无生机，一无所有。

纳尔迈国王让埃及成为
一个伟大的国家

纳尔迈作为埃及无可争议的统治者，有能力动员全民投入劳动，借此去开发埃及最伟大的资源：尼罗河。有证据表明，在纳尔迈统治时代之前，灌溉系统就已经出现了，主要用于拓宽尼罗河河道，增加水流量，以形成更多肥沃的土壤。不过，以往的灌溉工程并不是统一的国家行为。纳尔迈统治时期，尼罗河附近耕地的粮食产量，比以往任何时代都要高，出现了大量的粮食盈余。以前从事农耕、渔猎和狩猎的人，从这些工作中解放出来，从而有可能加入军队。得不到大河滋养、粮食产量不够丰饶的周边地区，则无法召集那么多的士兵，也不能一直让他们成为常备军而长时间不从事农耕。粮食盈余就意味着权力，许多权力将由此而生。

▲ 这是一位早期埃及国王的石灰石头像，年代可追溯到第一王朝，有人认为这就是纳尔迈国王本人

纳尔迈国王身后的埃及与他出生时的埃及，是两个完全不同的实体。他将自己的国家变成了当时古代世界最伟大的文明，成为世人效仿的榜样。君权神授的核心观念，就萌芽于纳尔迈，这一观念在不断发展的埃及文化中影响日显，见诸各个方面。

▲ 很多手工艺品和随葬用品都雕刻了纳尔迈的象形文字

在纳尔迈统治时期，各种宗教习俗和宗教圣像都蓬勃发展。

事实的确如此，在纳尔迈之前，古埃及雕刻艺术作品表现的重点通常是动物和集体狩猎。但是在法老统治时期，雕刻艺术表现的重心发生了变化，权威人物会居于作品的核心位置。继纳尔迈国王之后，法老们更愿意突显自己法老的身份地位。有证据表明，纳尔迈的墓葬位于上埃及的乌姆·卡伯（Umm el Qa'āb）。如果这种说法准确的话，与后世的神化国王们相比，纳尔迈安息地的选择则显得极为谦逊。可能后世埃及国王们的神性提升了，他们想彪炳千古的野心也随之提升了，于是修建了大型的建筑物，杀死侍从让他们死后可以继续侍奉国王。不过，尽管国王们付出许多努力去提升自我，但几乎没有哪位国王能与埃及第一王朝的建立者、埃及文明的开启人纳尔迈相媲美。

最初的法老

探寻古埃及的领导者，了解他们对创建崭新王国的追寻

斯科特·里夫斯（Scott Reeves）

埃及学家能达成共识的，就是他们对古代埃及发生的事永远无法达成共识。

纳尔迈统一上下埃及后的五百年间，早期法老们励精图治为埃及三千年的繁荣文明奠定了基础。不过，这些法老到底是怎样做到的，目前还不清楚。不乐观地说，现有的材料也是非常零散的，考古学家们必须不辞辛劳地将早期晦涩难懂的象形文字铭文的残片拼合在一起。同时期唯一的文献记录是帕勒莫石碑（Palermo Stone）上的王表，帕勒莫石碑是构建埃及王室编年史的七块石板之一，记录了当时重要的事件和典礼，不过石碑王表提到的法老常常有多个名字和头衔。历史学家对他们的在位顺序、彼此关系，甚至他们是否真的存在过，都持有不同的观点。

现有材料是非常零散的。

经过几十年的悉心研究，埃及学家们发现了以下这些最有影响、最吸引人的早期法老们的故事。

杰尔

中王国（the Middle Kingdom）时期的古埃及人聚集到冥界之神奥西里斯（Osiris）的墓前庆祝节日，向神表示敬意。但是，那些敬神者们没有意识到，他们所谓的圣墓，实际上是埃及早期法老们最后的安息之地。

杰尔（Djer）可能是纳尔迈的孙子，是第一王朝的第三位法老。其墓葬成为神奥西里斯的崇拜圣地时，他的名字基本已被遗忘。不过，在杰尔统治埃及这个年轻王国的 40 年间，埃及的疆域从北部孟斐斯扩展到了南部现代阿斯旺地区。

在长期的统治结束后，杰尔与祖父以及父亲葬在乌姆·卡伯最大的墓葬当中，或许这就是几个世纪之后此地成为奥西里斯圣地的原因。与祖父、父亲共葬一地，在葬礼仪式中他并不孤单。墓葬周围分布的随葬坑表明，在同一时候有 318 位侍从被杀死陪葬，这种可怕的献祭就是为了保证法老在来生能够继续得到很好的照顾。第一王朝的每位法老在去世时都要进行这样的大型献祭活动，不过杰尔的葬礼仪式是最残酷的。

1895 年，艾米丽·阿梅丽诺（Emile Amelineau）重新发现并发掘了杰尔的墓葬，1900 年弗林德斯·皮特里（Flinders Petrie）再次发掘。遗憾的是，不符合时人兴趣的发掘物品都被遗弃了，包括一个（可能属于女性的）头骨碎片和整只胳膊，这意味着很可能属于早期王室成员的木乃伊遗骸被扔到了垃圾坑。

▲这是一把宗教仪式用的燧石屠宰刀，黄金刀柄上刻有杰尔的名字

▲杰尔的墓葬周围是用来摆放祭品和安葬 300 多名陪葬侍从的墓室

丹是图像所见第一位头戴上下埃及红白双冠的法老

▲ 丹击败敌人，文献铭文记载的是丹“痛击东部敌人”

丹

这一时期有关古代埃及法老的资料比较匮乏，丹（Den）是其中比较著名的一位。他是第一王朝的第五位统治者，继承了曾曾祖父纳尔迈传承下来的早期王国，创建了王室管理和宗教仪式制度，一直延续了数百年。

丹是第一位被称作上下埃及之王的法老，很可能也是第一位被刻画为戴着红白双冠（Pschent）即象征上下埃及统一的红冠白冠合体王冠的法老。丹治下的管理部门引入了象形文字计税系统，记录每一年的大事。在此之前，人们都是使用较为晦涩难懂、容易混淆的象征物来记录年代。

丹在位 42 年，在统治的前几年是与母亲梅奈斯（Memeith）共同执政，这说明他在登位时尚年幼，需要一位摄政王来替他治理国家。留存下来的零散文献中提到，丹在成年后曾经数度重创敌人，他一手抓住被击败敌人的头发，另一手高举权杖。被征服者有来自东部的游牧部落伦特竺人（Iuntju，“手拿猎弓的人”），这些部落的侵扰给埃及造成了持续的影响。丹是西奈半岛岩画中刻画的第一位法老，很可能在他统治时期埃及王国的势力已经向东北扩张至西奈半岛。还有一些王室铭文颂扬丹主持修建了水渠和军事要塞等工程。

丹修建的工程包括自己的马斯塔巴（mastaba）墓葬，该墓葬是乌姆·卡伯最雄伟的建筑之一。它遵循马斯塔巴的建造传统，是顶部扁平、四壁倾斜的长方体建筑，墓室位于其下，但是其地面部分与众不同，是采用红色和黑色花岗岩铺路石铺就而成。这是埃及墓葬建筑中第一次使用石材，虽然这座墓葬建筑最早可能用作储藏室，因为它的入口是台阶而非垂直竖井。盗墓者可能会对这座墓葬心生觊觎，但是有一扇木门阻隔了台阶，一个吊闸封闭了墓室入口。

卡阿

考古学家和历史学家发现，只有为数不多的资料记载了卡阿（Qa'a）的统治，但是他们认为法老卡阿统治的时间很长，大约 33 年之久，这一时期埃及内外和平，只是遵从传统举行正常的宗教仪式活动。

萨卡拉（Saqqara）、阿布希尔（Abusir）和阿拜多斯发现的印纹表明，卡阿统治着一个庞大的王国，埃尔卡布（Elkab）附近发现的印纹则表明他在东部沙漠进行了采矿活动。通过产自叙利亚和巴勒斯坦的手工艺品，我们可以发现埃及通过商业贸易或者军事活动与西奈半岛的部落曾经有过交流。

上述这些繁荣盛况无法解释为什么在卡阿死后第一王朝即告崩溃。不过，卡阿的去世似乎引发了一场短暂的内战，战争发生在两位享国日短的统治者之间：斯奈弗卡（Sneferka，这也许是卡阿的另一个名字，如果是则说明内战在卡阿在位时就爆发了）和荷鲁斯费鸟（Horus Bird）。

第一王朝的每位法老去世时都要进行大型献祭活动。

卡阿的墓葬相对较大，这与他统治时间较长的情况吻合，但是火烧和盗掘痕迹表明他在下葬不久之后墓葬就被盗扰了，这也许与其死后整个国家陷入混乱有关。卡阿的死不仅标志着第一王朝的结束，也标志着古埃及法老杀戮侍从殉葬习俗的终结。卡阿墓葬周围有 26 个殉葬坑，安葬着古埃及那些最后陪葬埃及法老的侍从。

▲ 在乌姆·卡伯这片埋葬第一王朝法老的土地上，四处散落着陶片

▲ 卡阿墓葬中出土的修复后的石碑（石棺板）

霍特普塞海姆威

法老霍特普塞海姆威（Hotepsek-hemwy）的出身和早期生活，我们一无所知。不过，他的王名意为“两位女主人和解”，意味着他可能是在卡阿去世、国家陷入一段纷争后登上的王位。霍特普塞海姆威的名字象征着他重新统一了上下埃及。在霍特普塞海姆威的诸多成就中，有一项是他重建了卡阿墓葬——卡阿很可能是他的岳父——这是一项聪明的宣传举措，通过重修墓葬，第二王朝的第一位统治者将自己与过去的法老联系在一起，进而加强了王位继承的合法性。

霍特普塞海姆威醉心于各种建筑工程，下令建造了许多神庙和一处全新的王宫建筑。可能是在他统治时期，埃及遭遇了一场灾难，他不得不重建宫殿，根据古代一位历史学家的记录——要注意的是这份记录写于两千多年之后——尼罗河三角洲发生了一场地震，“布巴斯蒂斯（Bubastis）附近地面开裂，很多人丧生。”

有人认为，霍特普塞海姆威的墓葬位于萨卡拉大墓地，他是葬于此处的第一位法老（还有人认为，霍特普塞海姆威墓葬的具体位置实际上无人知晓）。这可能暗示了权力从上埃及的首都提尼斯（Thinis）转移到了下埃及的孟斐斯，或者说，这可能是对乌姆·卡伯第一王朝墓葬被劫掠的一种应对措施。

▲ 萨卡拉安葬的法老至少有 12 位，霍特普塞海姆威位列第一

▲ 一尊花岗岩祭司雕像列出了第二王朝前三位国王的名字，霍特普塞海姆威、拉奈布（Raneb）和奈杰尔

奈杰尔

古埃及第二王朝的第三位法老奈杰尔（Nynetjer）从不以特立独行为意。据说，他曾经宣布女性有权力像国王一样统治国家，这一举动很可能是对第一王朝王后梅奈斯和内斯霍特普（Neithhotep）辅佐她们幼子治理国家的认可，也可能暗指的是自己的母亲。奈杰尔在位 40 年，很可能是幼年即位。他全面改革了税收制度，将被称为“牛数”的普查变成评估和征税的主要方法之一。

然而，直到奈杰尔法老去世，他最具影响的政策才见端倪，即将埃及王国分为两个独立的实体。至于分裂的原因，有人认为是孟斐斯附近的尼罗河水位下降，经济萧条；也有人认为是埃及国家管理日益僵化、官僚化；还有人认为是埃及北部叛乱，奈杰尔对南部地区失去了控制权。不管出于什么原因，法老认为由两个统治者统治两个不同的国家对整个埃及的治理来说更有效。奈杰尔将国家一分为二的愿望是否立即得到了施行，还是他去世后还有其他法老曾经短时间内控制过整个埃及，目前还不清楚。但是，似乎在奈杰尔死后不久，埃及就再次分裂了。

王国是否在趋于分裂，在奈杰尔的墓葬中体现得并不明显，他的墓葬与安葬在萨卡拉的前任法老们的马斯塔巴并无二致。在年代稍晚的乌纳斯（Unas）法老王室墓葬纪念碑下层，考古学家发现了奈杰尔的墓葬，其墓葬由 25 米长的迷宫般的廊道构成。其中一个储藏室未被盗掘，保存完好，里面有包括酒罐在内的大量随葬品，有些是来自乌姆·卡伯被劫掠的第一王朝墓葬。还有一个储藏室是在古代打开的，用来存放第十九王朝的木乃伊，时间大概是奈杰尔生活和去世之后的 1500 年。

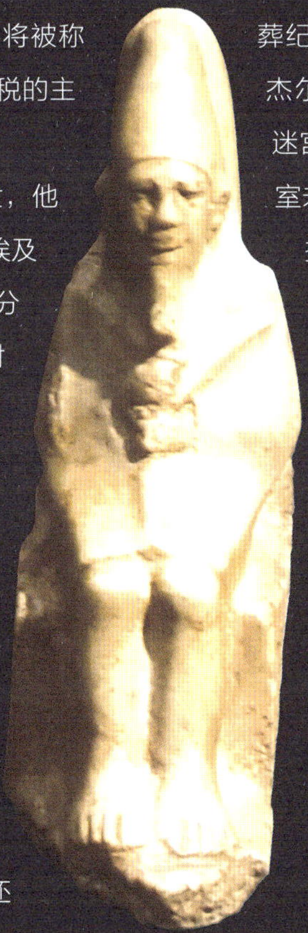

奈杰尔石膏雕像，是年代最早的圆雕埃及法老像

▲ 这个石头的雕刻提到奈杰尔和他的白冠王宫（Palace of the White Crown），白冠可能指的就是下埃及的白色王冠

► 带有奈杰尔名字的陶片，出土于一位继任者的墓葬当中

奈杰尔是经考古学证据证实的古埃及第二王朝的一位国王。

哈谢海姆威

在奈杰尔分裂埃及之后的 50 年左右，第二王朝的最后一位法老将埃及重新统一。历史学家们断定哈谢海姆威（Khasekhemwy）一共在位 18 年，不过这位法老是作为下埃及国王还是上埃及国王进行统治，目前还不清楚。我们知道的是，他的王冠包括荷鲁斯和赛特即代表上下埃及神灵的标志。他还迎娶了下埃及地区的公主，以巩固自己在这一地区的地位。

哈谢海姆威是王朝早期最热衷于工程建造的法老。他下令在奈克恩（Nekhen）修建要塞，在乌姆·卡伯建造大型墓葬，他是安葬在乌姆·卡伯墓葬群中第二王朝的最后一位法老。他在现场监督大墓地围垣的建造，此地是已逝法老接受崇拜仪式的空间，这些建筑至今依然保存得相当完整。在萨卡拉其前任法老的墓葬附近，哈谢海姆威还建造了另一座大墓地围垣吉赛尔·艾尔·穆迪尔（Gisr el-Mudir）。

▲ 帕勒莫石碑残片，部分记录了哈谢海姆威 18 年的统治

哈谢海姆威的继任者，即他的儿子或者是继子佐塞，可能是受这两座大墓地围垣的灵感启发，建造了阶梯金字塔。当时的人们还没有真正意识到阶梯金字塔和大墓地围垣建筑之间的差别，但是哈谢海姆威的去世和佐塞的就任标志着古风时期（the Archaic Period）的终结，以及第三王朝和古王国（the Old Kingdom）的开始。金字塔时代到来了。

► 哈谢海姆威重新统一埃及，终结了埃及的古风时期

▲ 哈谢海姆威是乌姆·卡伯墓葬群中安歇的最后一位法老，他的墓葬标志着墓葬传统从王室马斯塔巴转变为金字塔

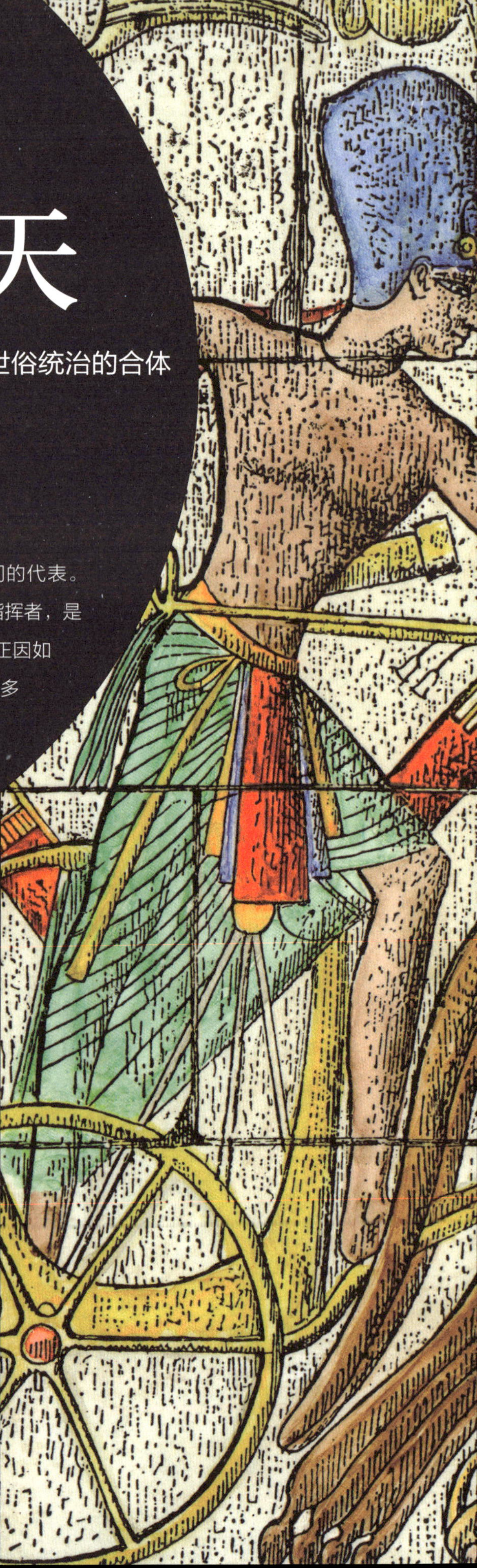

法老的一天

法老半君半神，他们的生活是宗教活动与世俗统治的合体

史蒂夫·怀特（Steve Wright）

在古埃及，法老不仅是统治者，也是神在人间的代表。三千多年来，法老是国王，是高级祭司，是战争的指挥者，是法律的制定者，这一角色在日常生活中非常重要。正因如此，法老的日常生活涵盖了与其崇高身份相契合的多种多样的职责和宗教仪式，对帝国的统治和精神层面的发展来说，这些职责和仪式是必需的。由此，我们可以观察，法老特定的一天都要从事哪些神圣事务。

为新的一天做准备

法老醒后，在仆人的侍奉下洗漱穿衣，浑身穿戴好各色珠宝。每个仆从都有自己的职责——缠腰布，穿亚麻布衣服，喷香水，等等——这些人拥有的头衔是“为圣体涂抹香油和油膏的主管”。

日常会面

接下来的任务就是与各路客人和官员们举行日常会面，客人们包括军事长官、国外使臣和各部朝臣。他们都俯伏在法老面前，根据职位高低轮流上报国家大事，并听取法老对大事的意见。

觐见神庙

接下来，法老将去觐见神庙，向主神阿蒙拉神（Amun-Ra）献祭。不去献祭就意味着整个帝国失去了神圣秩序即玛阿特（Maāt）。与神的雕像交流之后，法老会献祭一只公牛以示对众神的虔敬。

阿蒙拉神是古埃及众神之王

全城视察

吃完午饭之后，法老有时乘马车环视全城——许多百姓都能看到这样的情景。法老有时会去视察建筑工地，监督进度——负责批准建造施工的是法老本人。

娱乐时间

在履行完君主一天的主要职责和宗教职责后，法老将有一段娱乐时光，他会参加一些体育活动，例如射箭、狩猎，与家人在一起，或者在王室花园散步。

通常来说，射箭是法老们较为喜欢的娱乐活动

健康检查

法老享受的自然是最优越的医疗资源。其中最主要的包括拥有一位牙医兼高级医师。从发掘出来的木乃伊看，在医学与巫术结合的情况下，法老的医生总体来说医术高明，愈后几乎很少出现后遗症。

王室宴会

一天就要结束时，法老会回到自己的宫殿，与家人和诸多客人一起享受一顿丰盛的晚宴。有些食物由神庙提供，有时为了向某些特殊的客人表达敬意，法老会私下将部分食物送给他们。

一天的结束

最后，法老要回到自己的寝室入睡，不过在此之前，他还要回到神庙进行太阳落山仪式，代表一天的结束。第二天早晨，法老将再次起床（太阳将再次升起），新的一天重新开始。

法老负责通过修建包含金字塔和神庙在内的所有建筑的法令

分裂的土地

50

103

45

105

38

53

国王佐塞和他的建筑师，在萨卡拉阶梯金字塔附近商议事宜

法老佐塞的统治

让我们了解第三王朝早期的这位法老是如何缔造埃及帝国辉煌的

史蒂夫·怀特

我们想要了解古人确切的生平记录，年代越久远，就会变得越困难。古埃及人建造了不计其数的纪念性建筑，很多建筑物也留存至今，但即便如此，早期重要法老和重要人物的生活对我们来说也仍是一个个谜团，由此也诞生了许多的神话和传说。

佐塞以修建众多宏伟的建筑而闻名。

佐塞（Djoser）的生平尤为如此。他的统治年限（不同文献记录有所差异，时间从 19 年到 28 年）、他真实的名字 [不同时期有奈杰里克特（Netjerikhet），意为“神圣的躯体”，以及托索斯洛斯（Tosorthros）和塞索斯罗斯（Sesorthos）之名]，甚至他在埃及年表中的位序（据说他是第三王朝的第一位统治者，不过就连这个说法也无法确证），一切都是谜。有时候，出于研究的需要，我们会借助赫尔摩坡里斯城（Hermopolis）一座建筑浮雕残片上他妻子

▲ 佐塞雕像，现藏于开罗埃及博物馆

的名字赫特菲尔聂比提（Hetephernebti）作为证据参考，但也同样非常抽象和难懂。

但非常确定的是，在整个埃及历史进程中，佐塞统治的时期非常重要。佐塞（djoser）一词就来自表示稳定的标志杰德柱（djed）一词，所以该词指代的是对佐塞统治状况保守的总结。从根本上来说，佐塞时期取得的进步意义非凡，这一时期埃及帝国的墓葬、神庙以及其他各类纪念碑性建筑都得到了快速的发展，它们成为埃及的标志，也为日后埃及帝国的发展铺平了道路。

佐塞的母亲是尼玛塞浦（Nimaathap），父亲是哈谢海姆威（即之前第二王朝的最后一位国王）。一般认为，佐塞继承了父亲的王位，也有人认为他是继承了哥哥萨纳克特（Sanakhte）的王位。佐塞在公元前 2668 年左右成为法老，之后迎娶了可能是自己同父异母的妹妹赫特菲尔

▲ 表现法老佐塞的浅浮雕，出土于赫利奥坡里斯佐塞神庙遗址

▲ 萨卡拉墓葬装饰墙上的一块浮雕饰板

聂比提，再无其他妻妾——对埃及法老来说，三妻四妾很正常——他俩有一个名为艾内克卡俄斯（Inetkaes）的女儿。

佐塞何时因何去世，具体情况我们一无所知。不过，与佐塞在位期间所取得的成就相比，他一生的谜团显得无足轻重。这位法老一生成就斐然，当然，这些成就绝非他凭一己之力完成。为辅佐自己成就伟业，法老们会任命高级顾问协助自己处理国家事务，这些高级顾问有时被称为“维齐尔”。佐塞任命了一位名叫伊姆霍特普（Imhotep）的高级顾问。

或许，伊姆霍特普并非后人神化的医药之神，也非电影《木乃伊归来》中被夸大的同名超级大反派，他只是一位颇有才华的建筑师，

最后的安息之地

佐塞为自己留下一座规模宏大的建筑

正如我们文中提到的，佐塞统治时期留下的最具纪念意义的遗产，就是位于萨卡拉的墓葬建筑群，通常认为这些建筑建于公元前 27 世纪左右。

佐塞的金字塔由王室建筑师伊姆霍特普设计，作为埃及第一座金字塔而久负盛名，从诸多方面看，它都可以被看作后世金字塔建造的最早原型。首先，与后世金字塔数目众多的台阶相比，佐塞金字塔实际上包括六层长方体石建筑，这种长方体石建筑也被称作马斯塔巴，它们一层叠压一层，向上逐级缩小直达顶层，总体高度为 62 米。

金字塔外层最初覆有石灰石饰层，地面之下则是各种墓室和廊道，这里是法老及其家人的安息之地。后来还有 16 位法老在萨卡拉修建金字塔。在数千年间，无论是王室还是非王室，古埃及人一直将这里作为墓地使用。

在 20 世纪，埃及学家让 - 菲利普 · 缪尔（Jean-Philippe Lauer）发掘了佐塞金字塔，联合国教科文组织在 1979 年将其认定为世界文化遗产。

在佐塞统治时期，他将这种才能发挥得淋漓尽致。伊姆霍特普拥有的头衔不计其数，权且举几个例子：他是下埃及国王的顾问、上埃及国王的臣属第一人、大王宫管理者、赫利奥坡里斯（Heliopolis）的高级祭司，他也是法老的首席木匠和首席雕塑师。

在伊姆霍特普的辅佐下，佐塞实施了很多建筑工程，修建了多座早期石建筑。不过，要顺利实施这些工程，佐塞就要加强对边境地区的控制。为此，埃及军队穿越西奈半岛在东部沙漠边境地区进行了多次战役，如打击游牧的贝都因部落，打击西边的利比亚人，在利比亚战争中佐塞兼并了他们的部分土地。

地下建筑群中的其他墓室用于举行葬仪。

佐塞加强了埃及对上述地区的控制，这些地区有大量的采石场，富产石材、铜和绿松石等珍稀矿藏。佐塞的军事才能已经在战场上得到证明，人们一致认为他蒙受神宠，因而深孚众望，埃及在和平的环境下得以顺利发展。历史学家玛格丽特·本森（Margaret Bunson）在著作中提到，萨卡拉建筑群的一座雕像上的铭文将佐塞描述为“（他）将外族人踏在脚下……将埃及内部敌对部族田凫（Rekhet）踏在脚下”。佐塞既被尊崇为统治者，也被尊为战神。

在这一时期，古埃及人对石材这种建筑材料格外青睐，因为石材坚固耐用。石材建筑能够经受住时间的考验，不像早期的泥土建筑例如阿拜多斯建筑群那样，历经岁月洗礼而留存无多。毋庸置疑，他们用坚固的石材建造了能够代表佐塞遗产的最著名的纪念碑式建筑萨卡拉阶梯金字塔，用于安葬这位法老。不过，佐塞的墓葬多年来频受盗扰，其木乃伊大部分已经丢失。阶梯金字塔留存至今依然矗立，这本身就是对佐塞统治时期能工巧匠精湛技艺的证明。

金字塔不仅因其雄伟的外观而让世人为之着迷，即使直至今日，其内部错综复杂的结构仍然让人赞叹不已。花岗岩构筑的墓室设计了一系列伪装入口，以防止盗墓者侵入，墓室通常为地下墓室，进入这些墓室要穿过一系列走廊通道。

金字塔建筑也拥有重要的精神方面的意义。埃及人认为，人的灵魂被赋予了九种特征，其中

▼ 毫无疑问，萨卡拉是众多游客心中的圣地

▲ 萨卡拉墓葬建筑群俯瞰图

之一是鸟形象的巴（ba），巴可以自由飞翔，但是它需要在夜晚时回到标志性建筑地下墓葬中，这是灵魂进入来世后最重要的栖息之所，这也正是金字塔的作用。除金字塔建筑本身外，金字塔周围也要建造庭院和神庙，以及祭司们的居所建筑。随着时间发展，越来越多的法老选择将萨卡拉作为安息之地，当地金字塔的规模自然也随之越来越大。

金字塔的重要意义不仅限于它们是墓葬或者地标。作为古埃及的首都，孟斐斯的重要性自不必说，佐塞Ⅹ为其增加了浓墨重彩。作为古埃及第三王朝第一位法老，他将孟斐斯作为永久安息之地。相应地，作为古王国时期古埃及的政治和文化中心，孟斐斯也得到进一步的发展和繁荣，其影响力一直保持数百年之久。

对佐塞统治时期其他记述的重建，主要依

赖所谓“神话”资料，但是，如果说他的名字与彼时埃及正在经历的繁荣密切相关的话，那么这些记述的内容依然值得被再次提及。在这些记述的材料中，最著名的是大饥荒石碑（Famine Stela），其记录了埃及在佐塞统治时期曾遭受为期7年的旱灾。根据伊姆霍特普的建议，佐塞来到阿斯旺附近尼罗河上的小岛象岛（Elephantine）。巧合的是，佐塞做了一个梦，他梦见河神克努姆（Khnum）向他抱怨塞赫勒（Sehel）神庙年久失修，人们也失去了对这位神灵的尊敬。佐塞一到小岛就向克努姆祈祷，并在神庙原址重建了神庙。此后他颁布法令，要求人们重新开始定期向克努姆神献祭。

显而易见，这种记述的许多内容的真实性无法证实（实事求是地说，这基本就是一个传说故事），但不能否认的是，它提及的这份永恒的遗产——克努姆神庙及其周围的庭院和外围建筑至今依然矗立。这份遗产既是一座座坚固的建筑，也是佐塞深孚众望的象征。

与此同时，各种城镇和城市不断发展，规模不断扩大，一些全新的城市涌现出来。萨卡拉建筑群的修建注重纪念碑式建筑和各类装饰，这种倾向为埃及社会其他领域提供了灵感。这种影响既见诸日益普遍的纪念碑修建和雕像制作当中，也见诸日常生活中对各种仪式的重视当中。法老的地位越来越尊崇，他们不仅是国王和军事统帅，也是神，古埃及社会逐渐趋向认同法老应该具有崇高的神性。法老及其亲属去世后，会建造繁复宏伟的建筑群，这种现象在佐塞统治之后变得越来越普遍。

总之，历史留存下来的法老佐塞的功绩，不仅是他在位期间取得的成就，还有他给后世奠定的基础。毋庸多言，佐塞的阶梯金字塔开启了后世兴建更多名扬内外的金字塔——例如吉萨金字塔——的灵感，此外还有许多其他的石建筑，这些遗产让埃及这片土地熠熠生辉。佐塞的一尊石灰石彩绘雕像就收藏在开罗埃及博物馆，其阶梯金字塔也成为埃及的文化地标，为人赞叹。虽然由于盗墓者和劫掠者的持续盗掘，法老佐塞的遗体仅剩下一段木乃伊足部，但是他给埃及带来变革的遗产却经受住了岁月的磨砺而光芒四射。

胡夫：吉萨久违的法老

法老胡夫通过大金字塔给这个世界留下了自己的痕迹，
这也是古代埃及世界留下的遗迹。
但是胡夫真正的安息之地却一直是一个谜

多姆·莱塞－林肯（Dom Reseigh-Lincoln）

大金字塔（the Great Pyramid，也称胡夫金字塔）展现了古埃及人的工程建造能力和聪明才智，直到今日它依然是世界上最震撼人心的建筑之一。大金字塔高 146.5 米，俯视着吉萨另外两座金字塔、大斯芬克斯（the Great Sphinx）和大墓地（the Necropolis）的遗迹。它非常鲜明地提醒着众人，古埃及帝国曾经是多么强大。

但是，这一让人心生敬畏的权力象征的缔造者，我们却知之甚少。国王胡夫的生平一直是历史学家和考古学家几十年来醉心的谜题，值得一提的是，这位古王国时期君主的木乃伊无处可寻。在这位古埃及伟大君主的身上，到底发生了什么？我们如何才能揭开大金字塔之谜？

胡夫是第四王朝创建者斯奈弗鲁（Sneferu）国王的儿子，一直是历史深处谜团一般的人物。古王国时期的这位法老，是古埃及诸多法老中，随着时间推移功绩越来越漫灭不清的一

▲ 这是法老胡夫唯一保存完整的雕像，通高 7.6 厘米，象牙材质，1903 年发现于阿拜多斯晚期神庙遗址

位。因此，我们获得的许多信息时至今日依然充满争议，但是许多历史学家相信，他出生在公元前 2609 年左右。他的全名是克努姆 - 胡弗维（Khnum-Khufwy），意思为“克努姆神保护我”。父亲斯奈弗鲁死后，他登上王位，时年二十多岁。

几乎甫一上台，胡夫就开始建造后世所谓的大金字塔。他的父亲一生曾建造过无数金字塔，但是胡夫决定要创新父亲统治时期的建筑风格，给世人留下自己独特的印记。胡夫在位 26—46 年，大金字塔的建造就耗费了大约 10—20 年的时间，可以说这一伟大工程界定了他的统治生涯。

胡夫是如何建造这座宏大的金字塔陵墓的，

历史记录差异很大。希腊历史学家希罗多德认为，胡夫役使契约奴隶建造了这座建筑。不过，希罗多德对法老的评价让人心生疑窦，他对法老评价较为负面，认为胡夫是一个残忍的暴君，将自己的女儿卖到了妓院。韦斯特卡尔莎草纸（Westcar Papyrus）文献展现的是一个完全不同的胡夫，在这份古老的文献中，这位第四王朝的统治者是一个虔诚之人，他善待自己的臣民，奉守古埃及的精神。正因如此，文献记载，胡夫才雇用工人来建造金字塔，尽管这样的宏大工程对王室财政来说是重大负担。

我们对胡夫在政治方面的建树的了解极为零散，一如其他许多方面，不过大量铭文和莎草纸文献都记载了这位君主频繁进行贸易和货物收购的情形。在西奈的马加里干谷（Wadi Maghareh）发现了一块岩石铭文，其内容描述胡夫头戴双重王冠，这展现了他在此地的强大地位。马加里地区的绿松石矿和铜矿负有盛名，这两种材料在埃及艺术和建筑中被广泛使用。胡夫也曾派遣使团与地中海城市比布鲁斯（Byblos）进行贸易，希望获得黎巴嫩雪松木用以造船以及其他之用。他是一位热衷建造宏伟工程的国王，深谙各种自然资源和原材料的价值。

就这样，胡夫开始建造展现古埃及灿烂文明的标志性建筑，建造展现了他统治生涯中最伟大的成就：大金字塔。大金字塔的修建耗费了大约 10—20 年的时间，使用了多达 230 万余块石料。从大金字塔中可以看到，从第三王朝的法老和建造者，到胡夫和其他第四王朝的建造者，建筑技术发展有了重大的飞跃。在斯奈弗鲁之前，埃及国王通常都是建造小型平顶墓安葬自己的木乃伊，但是像胡夫这样的法老，在脑海中酝酿了更宏大的建筑蓝图。

资料表明，胡夫金字塔的建造者们，无论是奴隶还是领工钱的工人们，在公元前 2589 年到前 2504 年之间的某个时刻开始修建这座大金字塔，他们使用了两百多万块石块，每块石头至少重达两吨。金字塔的地基有 55000 平方米，每一侧占地都要超过 20000 平方米，这一规模超出了古代人和现代人的想象。第四王朝建造金字塔展现出来的革故鼎新，似乎并无来路，它并没有停滞不前，金字塔的转角地基都使用了套榫设计，保护金字塔免受地震灾害的破坏。

黏合巨石与巨石的黏合剂，也是革新的产物，即便是现代的工程师经过现代测试，也无法复原出这种黏合剂。这种黏合材料让大金字塔矗立了两千多年，这足以说明第四王朝的建造者们多么富有创造力。我们今天所见的金字塔外观，并非古埃及人当年的竣工之作。胡夫这座可能用作陵墓的金字塔的外部工程一旦完成，就要在外部逐层贴合经过细致打磨抛光的石灰石，仿佛外套一样。这样大金字塔就变得像

▲ 这个象牙头部雕像被认为刻画的是胡夫，现收藏于德国

▲ 大金字塔台地出土的“太阳船”（solar ship），发现时几乎完全破碎

▲ 修复后的巨大“太阳船”，当时与胡夫一同下葬，载着胡夫及其财富前往来世

矗立在埃及土地上闪闪发光的一座灯塔，但是在埃及王朝时代终结数百年后，阿拉伯商人拆走了这些珍贵的石灰石外层。

今天，胡夫大金字塔和吉萨留存的其他建筑依然让考古学家和科学家们痴迷不已。作为古代埃及世界残存的最后一个奇迹，人们在研究这些古老的文化遗产时一直心怀谨慎。正因如此，专家们研究金字塔的技术方法也与时俱进，在不对这些建筑造成损害的情况下，不断开拓新的研究视角。

其中一种方法是包括热成像扫描和基于“μ介子”（muon，μ介子是与电子相似的基本粒子，但能量更大）的宇宙射线μ介子成像技术，这些技术是埃及自主的扫描金字塔（Scan Pyramids）技术的一部分，可以帮助我们以前所未有的方式探索过去。“扫描金字塔是由遗产创新保护研究所（Heritage Innovation Preservation Institute）、开罗大学工程学院（the Faculty of Engineering）、埃及文物部（the Egyptian Ministry of Antiquities）共同发起的一项国际科学研究项目。”项目负责人和联合发起人梅迪·塔尤比（Mehdi Tayoubi）说道，“我们的目标就是会聚全世界最优秀的科研团队，他们运用的科研方法不具有破坏性，会尝试‘看透’金字塔，而不造成任何损害。”

研究的重点集中在介子使用上，介子高能粒子能穿透固体并生成建筑物内部高分辨率的图像。塔尤比就项目补充说：“我们运用了三种不同的技术，μ 介子成像技术、激光扫描和摄影测量技术，以获得吉萨和达舒尔（Dashour）最精确的 3D 模型。”

扫描金字塔项目是深入了解大金字塔内部结构的诸多新项目之一，可以借助一系列无损科技手段对隐藏的空间或建筑结构进行定位。这种融合多学科技术的方法是一个积极大胆的尝试，因为项目中使用的一些新技术还处于实验阶段，就被应用在这个研究领域了。塔尤比及其团队已经在吉萨开展了大金字塔研究项目，他期待能将自己的数据成果与每一位从事古建筑研究的专家以及粒子物理专家和工程师们分享。

“我们知道，我们并不是率先尝试使用这项技术的，但是我们希望通过‘扫描金字塔’这个项目，以谦卑之心为已有的金字塔研究添砖加瓦，作出贡献。”塔尤比说道。一方面丰富人们对胡夫金字塔的认识，一方面开辟利用现代考古学扫描技术的道路，塔尤比找到了二者之间的平衡。“不知道能否发现有价值的东西，但是我们的动力是基于我们的激情和童年梦想。在现场使用扫描技术，这让我们有了一个全新的视角去观察金字塔，也以全新的视角去考察先进的技术，这些都有赖于埃及遗产的魅力。”

大金字塔本身的建造多运用巨大石块，墓室结构并不像影视作品中展现的那样复杂，但是确

▲ 胡夫父亲斯奈弗鲁的雕像，他修建了“弯曲金字塔”（Bent Pyramid）

实是有少量专门为法老和王后建造的墓室。金字塔内部空间结构，我们仅知道包括一段下行通道（最初的入口）、一段上行通道、大廊道、一间神秘的大墓室、一处同样神秘的地下墓室和两个主墓室。国王墓室和王后墓室，建造时一上一下。值得关注的是，很多历史学家认为王后墓室从未放置过王后木乃伊，或者说当时建造此墓室的目的就不是用来放置王后木乃伊的，这只是代表法老在生前和死后都有权力拥有王后而已。

那么，金字塔里面都放置了什么？为国王建造的墓葬是否必然会堆满财富，随他前往来世？遗憾的是，现实并没有那么珠光宝气。在古埃及终结很久之后的9世纪，有一个名为阿卜杜拉·艾尔·马穆恩（Abdullah Al Mamun）的年轻阿拉伯哈里发，他渴望探索世界、学习新知。他希

吉萨伟大的法老们

吉萨大金字塔证明了古埃及文化强大的创造力和工程能力，也是少数拥有至高无上权威的法老近乎永恒的宣言。法老已经是埃及王国中权力最强大、精神最圣洁的人，但是有几位并不满足尘世的荣耀，他们想要修建伟大的建筑让自己声名不朽。从胡夫到孟卡拉，法老们展示了自己独一无二的力量，他们留给这个世界的印记将延续数千年。

胡夫

人们认为，胡夫是为了自我纪念而下令建造的吉萨大金字塔，有关他生活和年代的细节还有些不完整。不过，可以确定的是，古王国时期的法老胡夫是第四王朝的第二位统治者。古代史学家记载的有关胡夫的信息大多自相矛盾，关于他的性格，有的记录说他性格可亲，是他促成了大金字塔的建造；有的则说他为人卑劣，为了筹集修建金字塔的资金竟然让自己的女儿做妓女赚钱。

哈夫拉

哈夫拉（Khafre）是第四王朝的第四位统治者，与自己的父亲胡夫一样，他也醉心于修建宏伟壮观的金字塔建筑。他娶了自己的妹妹梅莱萨克三世（Meresankh III，这是古代埃及常见的风俗习惯，胡夫也是娶自己妹妹为后）。哈夫拉统治时期的主要活动是建造了大量的建筑工程。他在附近山谷里修建了吉萨大金字塔群中的第二座金字塔，并建了一条通道将两座金字塔连接在一起。这条通道向北也连接了大斯芬克斯，很多人认为大斯芬克斯的面部特征就取自哈夫拉本人。

孟卡拉

人们认为孟卡拉是哈夫拉之子、古埃及第四王朝的第五位国王。有关他祖父胡夫和父亲哈夫拉的文献记述较为混乱，经常互相矛盾，不过根据历史文献记载，孟卡拉是一位受人爱戴的虔诚、强大的君主。正是在他统治时期，第三座也即最后一座大金字塔开工建造。遗憾的是，直到他去世时这座金字塔也未竣工，民众深知其夙愿未了，继任法老谢普塞斯卡夫（Shepseskaf）负责建完了这座金字塔，以此纪念孟卡拉。

望了解异域的历史和文化，他认为吉萨大金字塔的国王之墓将会引导他开启新的篇章。于是，他率领士兵开启陵墓进入了墓室，结果却发现国王墓室早已经被劫掠一空，墓棺中同样空空如也。看来此前已经有盗贼用他们的方法盗走了这位伟大法老陪葬的财富，也掠走了他的木乃伊。

一直以来，这就是一个难解的问题，甚至衍生出更多的问题、更多的理论。为什么人们要移走已逝多年的这位法老的木乃伊？为什么墓室里没有哪处提到法老胡夫？大金字塔究竟属不属于胡夫？这些猜想催生了许多有关胡夫木乃伊放置地的理论，包括他的木乃伊可能被祭司（或者是那些在他死后不久宣誓效忠于他的人，或者是第二十四王朝时期盛行的胡夫死亡宗教仪式的信仰者们）移走了，目的是保护它免受盗墓贼和强盗们的劫掠。这也仅仅是一个理论，没有任何证据能够充分支持或者驳斥，不过这个理论暗示了除大金字塔外还有一个隐藏的第二圣地，但至今无人知晓。

另一个流行的理论认为，胡夫的木乃伊实际上依然在大金字塔里，暗藏在一个尚未发掘的神秘墓室里。扫描金字塔项目的梅迪 · 塔尤比及其团队，就是希望在科研团队的协助下，研究探索这种可能性。

“遗憾的是，我们不是考古学家，”塔尤比承认，“我们的科研项目旨在对金字塔进行大规模扫描，以推动技术突破学科局限。如果我们发现一处金字塔此前未知的密室，那么会请其他学科的专家利用他们的历史建筑学知识，告诉我们为什么会存在这样一个密室。我们的方法，就像埃及学家会请求法医学家对木乃伊进行医学扫描开展研究一样。这是一个多学科协作的过程，如果我们能够确定大金字塔里没有未被发现的密室用于隐藏木乃伊，那么胡夫木乃伊的搜索方向就可以转向他处了。单纯依靠任一学科，这个谜团都将无法解开。”

▲ 齐阿普斯（Cheops）王名圈（齐阿普斯是胡夫的另一个名字）

这并不是说，未找到隐藏墓室，扫描金字塔项目对大金字塔和吉萨另外两座建筑的扫描工作就结束了。这与考古一样，找不到具体的答案，反而会激发人们的热情想去了解更多。例如，2015 年一个独立调研团队发现了金字塔热异常的状况，这给原本就迷雾重重的研究又增加了新的谜团。

塔尤比和他的团队也在关注大金字塔新出现的这个谜团。“我们不能完全确定到底是什么原因引起的这些热异常现象，但是我们现在能够使用介子望远镜去观察建筑物的外部，从而更好地了解这些区域。”他补充道，“我们也进行了 24 小时红外线监测，目的是记录长时段内温度

大金字塔和螺旋建造理论

一个多世纪以来，考古学家和埃及学家对胡夫大金字塔以及其他带有埃及风格的金字塔，都有一个统一的建造理论：从外到内、自下而上进行建造。后来，法国建筑师、业余埃及学家让－皮埃尔·胡丹（Jean-Pierre Houdin）提出一个观点，解释了大金字塔内部的许多建筑特点，包括国王墓室和王后墓室中的那些神秘竖井。

胡丹相信，大金字塔是采用螺旋方式从内部开始建造的。这一理论最初是由他父亲提出的。但是，小胡丹运用“螺旋建造”理论使用 3D 软件，创建了一个金字塔模型。

该理论认为，大金字塔的前 30% 工程是利用外部坡道建造的，之后在金字塔内部修建第二坡道直到塔顶。这一理论的支撑证据是金字塔内部残留的坡道结构，该理论不断发展并形成核心观点。三个墓室中，有两个带有神秘的竖井，其作用是什么？胡丹与他的同事认为，这些竖井是在金字塔竣工后用来检查建筑垂直度的，如果垂直度测量无误，这些竖井就会被填实。

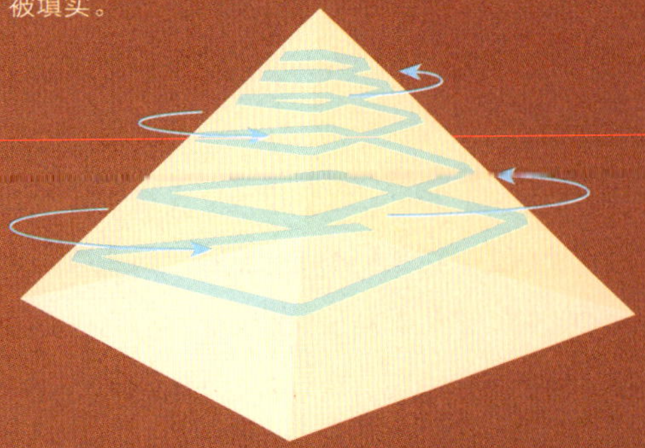

▲ 胡丹的理论认为，金字塔是从内部采用螺旋坡道向上修建的

从远处看，大金字塔表面齐整平滑，但实际上其外部石块呈台阶状分布，参差不齐

▲ 大金字塔里有专门为法老和王后修建的墓室

大金字塔及其周边的宏伟建筑，堪称人类最令人惊叹的伟大成就之一。

的变化，从而排除外在因素，例如风的影响。这项工作的任务是获取长期数据和测量结果。大金字塔屹立四千多年了，为更好地了解它，花一年时间进行研究已经是最低限度了。”

因此，塔尤比着眼未来，扫描金字塔项目对这座可能属于胡夫的大金字塔建筑的内部结构进行详细的分析，不断完善和创新。“我们的分析非常谨慎，进展也是循序渐进，”他沉思着说，“通过这些技术，项目每天都能有所进展，这样我们能真正地了解这座建筑。例如，在吉萨工作之初，用来扫描的感光化学乳剂只能曝光 40 天（主要是因为埃及空气的湿度和温度）。现在有了新的感光乳剂，可以维持曝光 60 多天，这样就可以记录更多的介子粒子追踪，通过数据获得更准确的介子粒子图像。”

无论是作为游客还是学者前往吉萨，都会发现大金字塔及其周边的宏伟建筑堪称人类最令人惊叹的伟大成就之一。通过这些近乎永恒的纪念碑式建筑，一个早已消亡的文化继续福荫着当今的子孙后代，就像一个默默的守护者一样。无论大金字塔是否是胡夫的最终安息之地，过去时代阴暗的政治阴谋都无损这个伟大奇观的威严。

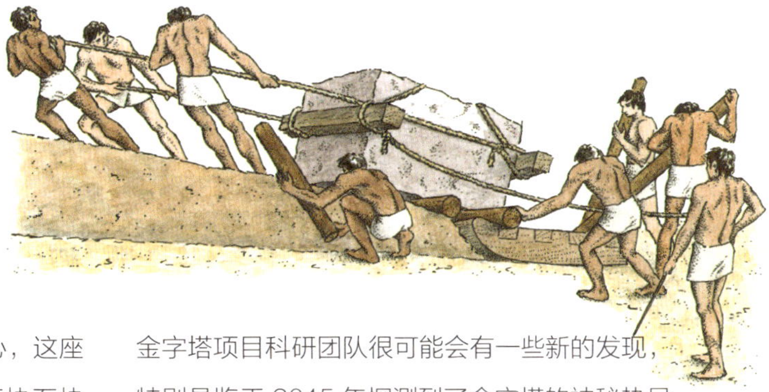

大金字塔墓室

大金字塔是吉萨金字塔墓葬群的中心，这座地标性建筑使用了230多万块石块，每块石块的重量都在2—15吨。它是西方古代世界七大奇迹[1]中存留至今的、规模最大的建筑，让我们得以一览胡夫国王统治下的庞大的古埃及帝国。这是我们目前所知的金字塔内部结构，不过扫描金字塔项目科研团队很可能会有一些新的发现，特别是鉴于2015年探测到了金字塔的神秘热异常现象，一切皆有可能。

1 指古代西方人眼中已知世界上的七处宏伟的人造景观：埃及胡夫金字塔、巴比伦空中花园、阿尔忒弥斯神庙、奥林匹亚宙斯神像、摩索拉斯陵墓、罗德岛太阳神巨像和亚历山大灯塔。——编注

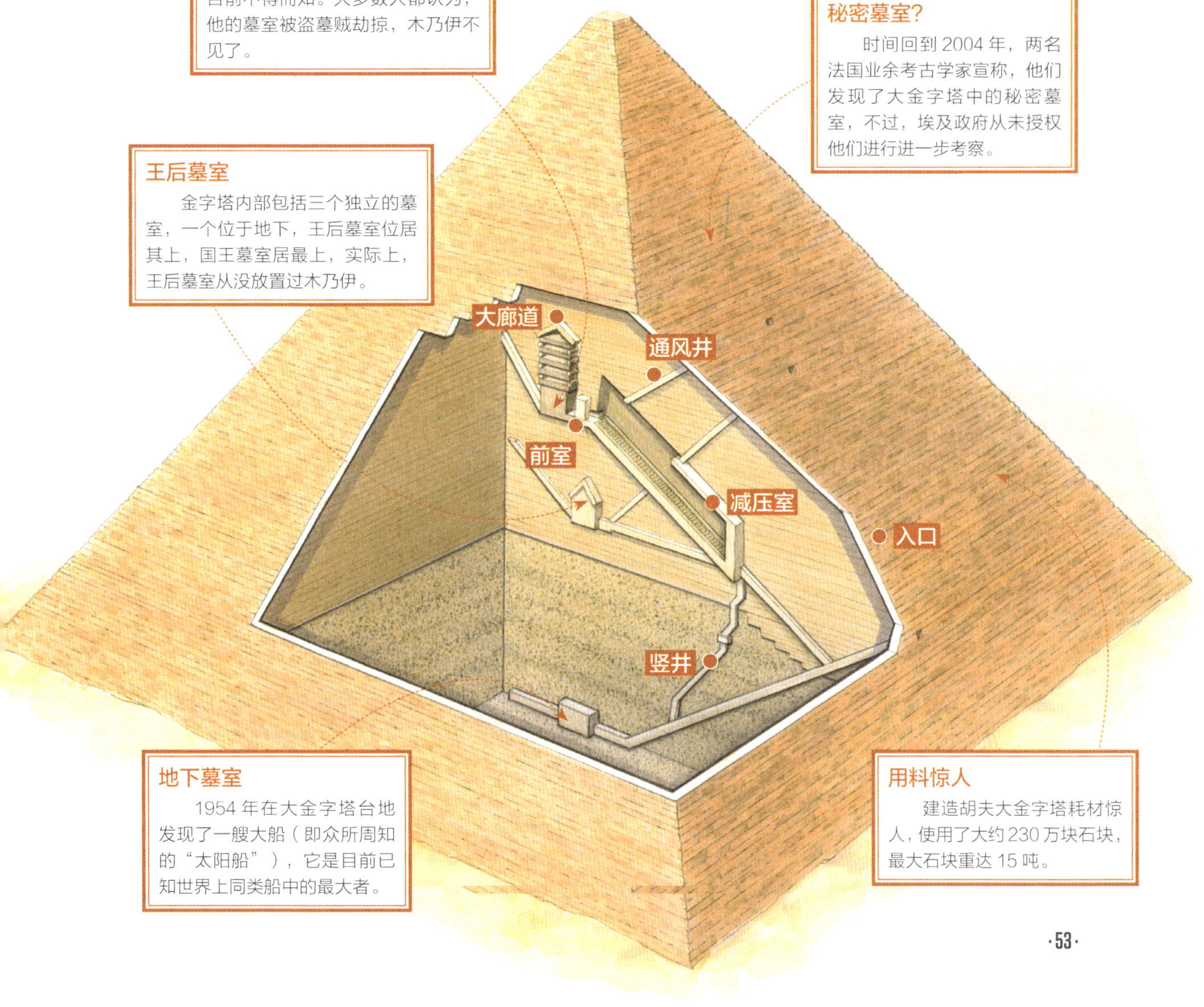

国王墓室

国王胡夫的木乃伊置于何处，目前不得而知。大多数人都认为，他的墓室被盗墓贼劫掠，木乃伊不见了。

秘密墓室?

时间回到2004年，两名法国业余考古学家宣称，他们发现了大金字塔中的秘密墓室，不过，埃及政府从未授权他们进行进一步考察。

王后墓室

金字塔内部包括三个独立的墓室，一个位于地下，王后墓室位居其上，国王墓室居最上，实际上，王后墓室从没放置过木乃伊。

地下墓室

1954年在大金字塔台地发现了一艘大船（即众所周知的“太阳船”），它是目前已知世界上同类船中的最大者。

用料惊人

建造胡夫大金字塔耗材惊人，使用了大约230万块石块，最大石块重达15吨。

蒙图霍特普二世：再统埃及的法老

古王国衰落后，埃及陷入了混乱与分裂，
一个全新的王朝将国家带回正轨

爱德华多·阿尔伯特（Edoardo Albert）

蒙图霍特普二世法老重新统一埃及，为中王国的繁荣创造了稳定的环境，中王国通常被视为古埃及的黄金时代。不仅如此，蒙图霍特普二世还见于世界上最古老的鬼魂故事当中。下面我们谈一谈蒙图霍特普的一生及其统治。

大约到公元前 2181 年时，此前曾经高度中央集权的古王国分崩离析，形成多个区域性和地方性政权。埃及学家通常将埃及历史划分为不同的时期，包括政治稳定、中央集权统治的时期即“王国时期”，以及国家分裂、地方政权崛起的时期即“中间期”。从大约公元前 2180 年开始到前 2040 年，为古王国之后的第一中间期。古王国首都孟斐斯无力控制那些地方管理者即州长们（nomarchs），每个州长统治的区域称为诺姆（nome），所以州长实际上就是地方的国王和首领。中央集权的衰落也带来了积极的影响，金钱和财富在埃及境内得以更广泛地分布开来。在古王国时期，法老们的丧葬仪式会将大量财富

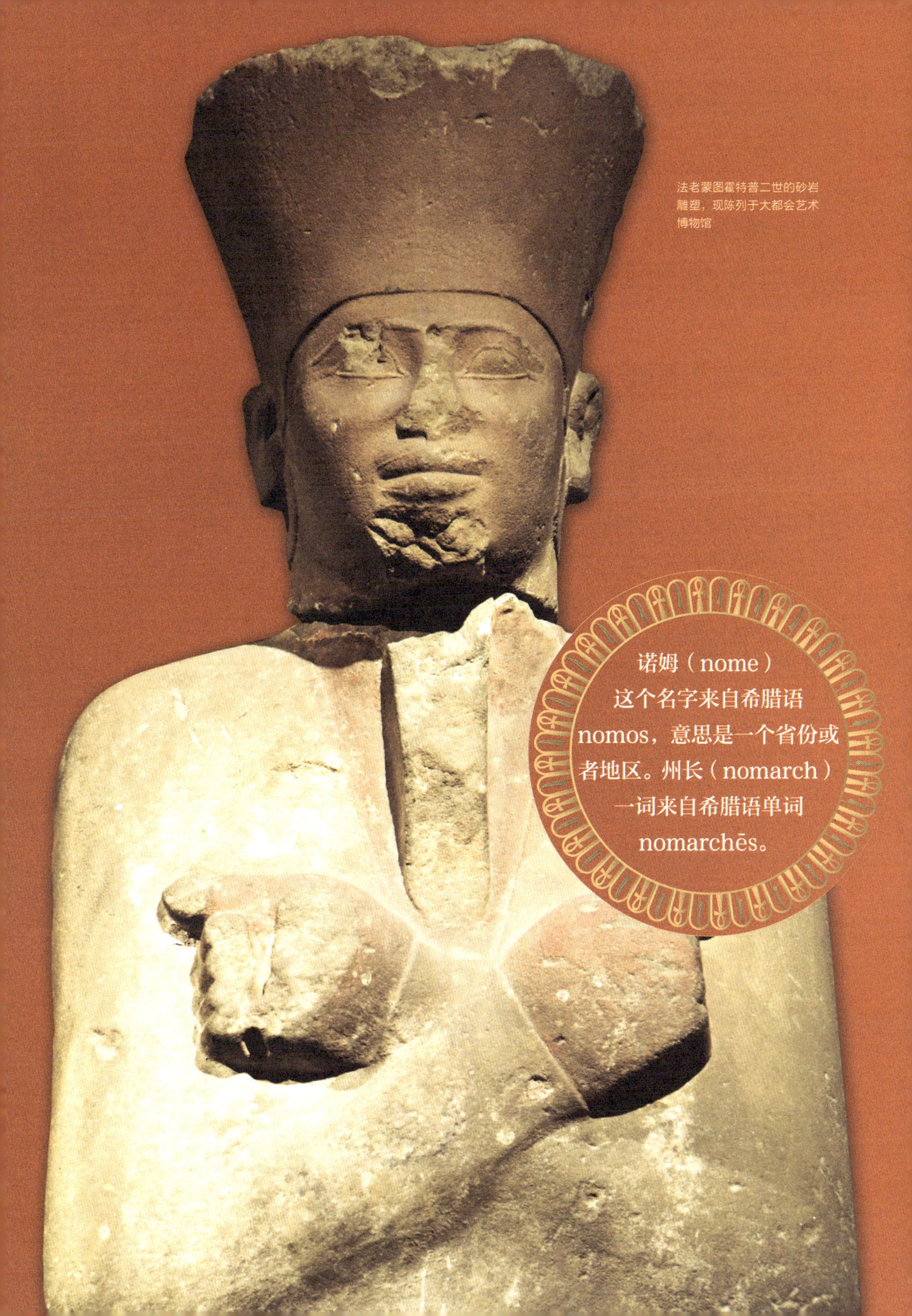

法老蒙图霍特普二世的砂岩雕塑，现陈列于大都会艺术博物馆

诺姆（nome）这个名字来自希腊语nomos，意思是一个省份或者地区。州长（nomarch）一词来自希腊语单词nomarchēs。

蒙图霍特普统治的时间相当长，在位约50年。

带入墓葬之中。随着古王国的崩溃，这些财富和资源在整个埃及都能广泛获得。例如，此前庭园、墓葬和墓葬刻铭都是埃及社会高等级阶层之人的专利，到第一中间期结束时，即使是普通的埃及民众也都想着在棺文中刻写亡灵书，指导自己进入来世。实际上，这意味着所有人而非仅限于法老都有希望获得来世的生活。

古王国伟大法老的继任者们，放弃了首都孟斐斯，沿尼罗河北上迁移到赫拉克里奥坡里斯，赫拉克利奥坡里斯是希腊语名字，源自托勒密埃及（Ptolemaic Egypt）时期。在古埃及世俗体文字中，赫拉克里奥坡里斯这座城被称作“法老之子”。他们以此为中心，控制了尼罗河三角洲和下埃及地区。下埃及实际上在上埃及的北部，这种命名是基于王国相对尼罗河的地理位置确定的。与此同时，尼罗河上游城市底比斯的州长因泰甫一世（Intef I），通过征服邻近诺姆不断扩张实力，建立了一个新的王朝即第十一王朝。因泰甫一世之后，第十一王朝在其中四位国王的统治下不断开疆扩土，其中，最重要的征服活动是夺取城市阿拜多斯，阿拜多斯是早期法老的安葬之地。第十一王朝的国王宣称，他们才是已逝法老们的真正继承者，赫拉克里奥坡里斯的国王是系出旁门。

底比斯这种有关正统法老的宣传，对赫拉克里奥坡里斯的国王们来说充满敌意。这些争议年代已久，真相亦扑朔迷离。赫拉克里奥坡里斯的

▲ 蒙图霍特普祭庙建筑群遗迹

国王与底比斯野心勃勃的州长之间一直在进行连续不断的战争，前者宣称自己继承的是古王国法老们的衣钵，后者则力主自己才是埃及的真正统治者。底比斯这个此前尼罗河畔的一个小城，见证了宏伟陵墓和王宫建筑的兴起，因泰甫一世的继任者们在此大兴土木，为逝去的国王们修建了更为宏大和豪华的陵墓，借此展现底比斯埃及诸王的正统性。

▲ 这具石棺属于法老的一位次妻，也可能属于哈索尔神的一位女祭司

法老的伟大墓葬

蒙图霍特普不同既往，修建了“千秋万代之屋”

尽管蒙图霍特普想将自己与古王国时期的法老统治联系在一起，但是从陵墓建造方面而言，他完全背离了过去的传统。他的陵墓位于底比斯附近尼罗河西岸的德尔巴赫里，这处庞大的墓葬群与早期法老建造的大型墓葬迥然不同。中央建筑的四周是平台和廊道，看起来就像埃及法老修建的大型游廊。

法老神庙的前面有小树林以及成排的怪柳和无花果树，古埃及人在岩石上开凿了很多 10 米深的坑洞，里面填土栽上树木，由神庙人员负责浇水灌溉。有一条长长的堤通向上一级平台，主体建筑可能是一个正方形的马斯塔巴，这是一种顶端削平的平顶金字塔。

蒙图霍特普最终与他的两个妻子奈菲鲁（Neferu）和提姆（Tem）合葬在一起，此外还有其他六位女性，其中四位被称作王室妻子，这可能意味着她们是哈索尔的女祭司，而并非法老真正的妻子。这六位女性与奈菲鲁和提姆相比，地位要低得多。蒙图霍特普的安息之地是陵墓下方的一个大墓室，不过里面随葬的珍宝和他本人的木乃伊在下葬几个世纪后就被盗墓贼劫掠一空了。我们只能希望，法老蒙图霍特普不要沦落到与尼布辛美科一样的命运，希望尽管他的墓葬遭到破坏，但他的灵魂能得以安息。

在位的法老们也有自己的角色和责任，针对赫拉克里奥坡里斯诸王的军事远征，严重地削弱了他们的实力，在大约公元前 2055 年——我们知道，因为新王国前的埃及年表不确定，所以中王国时期一些法老统治的年代数据也就难以确定——在底比斯登基的一位新王宣称自己统治了上埃及和下埃及。他就是蒙图霍特普。

蒙图霍特普统治的时间相当长，在位 50 年，很可能他在年幼时就已经登基为王了。在他统治的前 14 年，埃及相对和平并无战事，留存下来的文献记录没有提到有大规模的冲突。这位年轻国王一直关注的似乎是强调自身统治的正统性，留存下来的刻画其形象的浮雕，清晰地记录着他的严正声明。沙特里加尔干谷（Wadi Shatt el-Rigal）崖壁上的浮雕，展现的是蒙图霍特普形象的巨像俯视着与之一起的三座雕像：推测分别为其父亲因泰甫三世、母亲和一位朝廷官员基提（Khety），这位官员曾担任父子二人的财政大臣。位于托德（Tod）的另一组浮雕也展现了蒙图霍特普的巨像和三位前辈统治者的雕像，这三位法老都叫因泰甫，他们的雕像规模要小得多，在蒙图霍特普身后排成一列。蒙图霍特普用浮雕图像来凸显自己王位继承的正统性，这就引起了历史学家们的疑虑，怀疑蒙图霍特普继承王位的合法性：要么他并非出身王室血统，要么这就是赫拉克里奥坡里斯诸王展开的宣传攻势，宣扬底比斯新王的王位继承并不合法。

埃及士兵通常装备有各种武器，最常见的是弓箭。

如果是后者，那么这一宣传战对赫拉克里奥坡里斯诸王来说，结果事与愿违。蒙图霍特普在统治的第十四年，或许是对赫拉克里奥坡里斯王朝进攻提

▲ 蒙图霍特普二世祭庙建筑群复原图。中央的金字塔也可能是一个马斯塔巴，并无尖顶

尼斯的报复，他对下埃及及其赫拉克里奥坡里斯的统治者们发动了一场战争。提尼斯是埃及早王朝（the first dynasties）时期的都城，其具体位置尚未发现。这场战争的细节无从得知，但结果是赫拉克里奥坡里斯王朝覆灭。赫拉克里奥坡里斯国王梅里卡尔（Merikare）在双方尚未正式交战时就死于军中。在战争期间，梅里卡尔的继任者根本无力维持统治，于是在蒙图霍特普的征服下，分裂的上下埃及王国得到统一。

虽然战争的具体过程还不清楚，但尼罗河西岸德尔巴赫里极其干燥的气候，为我们保留了一个有力的无声证据，见证了战争的残酷性。德尔巴赫里是蒙图霍特普祭庙墓葬群所在地，蒙图霍特普在位期间在这里进行了大规模的墓葬建设，因为埃及的统治者们不会将自己进入来世的保障留给继任者去完成。20 世纪 20 年代，考古学家在法老为自己规划好的墓葬附近的崖壁上，发现了一些深凿 60 米的通道。在这些通道里，放置着 60 个裹着亚麻布但未做成木乃伊的士兵遗骸。这些尸体没有做防腐处理，但因为空气极其干燥，尸体也迅速脱水得以干燥，并没有腐烂。这些士兵的尸体是中王国保存最好的“木乃伊”，他们被安放在国王祭庙墓葬群附近，裹尸的亚麻布带有蒙图霍特普的涡形饰图案，由遗体上还保留着的痕迹可见其死因：头骨被击打碎裂和刺穿，身体上有弓箭贯通伤。对这种情形最可能的解释是，这些士兵是在蒙图霍特普发动的针对赫拉克里奥坡里斯王朝的战争中战死的，他们为国王之间的争斗付出了生命代价。但是，对蒙图霍特普

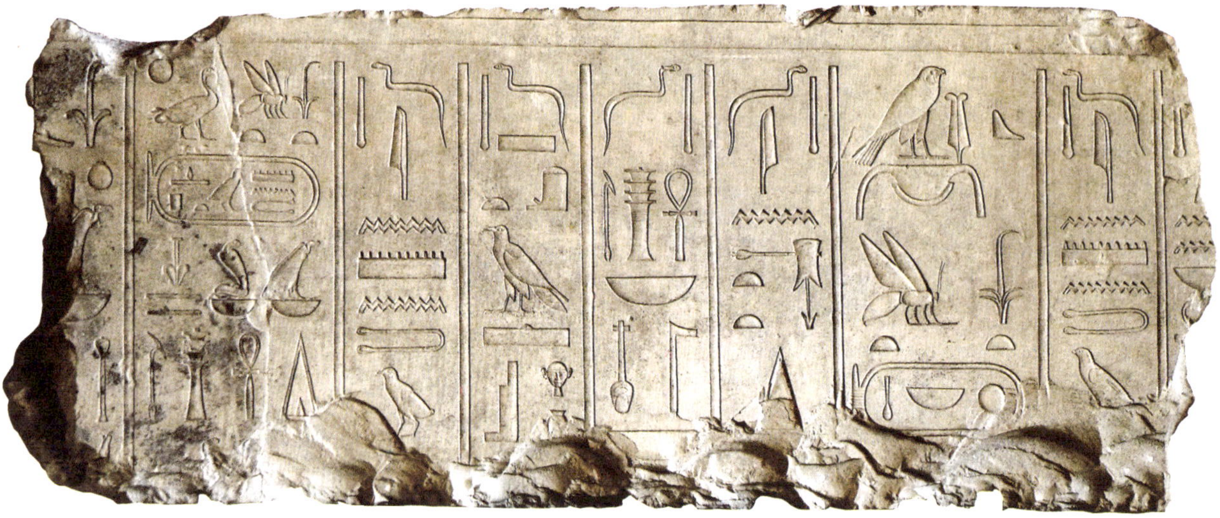

▲ 蒙图霍特普的第三个头衔："他将上下埃及归于一统"

来说，这些士兵的生前和死后都要为他服务，生前是为他击败敌对王朝的士兵，死后是为法老效忠的英雄典范。我们不清楚蒙图霍特普在击败赫拉克里奥坡里斯诸王之后，实际上耗费了多少时间统一了埃及，也不知道统一的过程有多么艰难和血腥。但是，这些有武器随葬的普通人的数量表明，这是一个动荡不安的时代。埃及人希望来世能够延续今世的生活，所以，以武器随葬表明亡者生前曾经有过战争的经验。文献记载许多宫廷官员的随葬品都是武器而非显示身份地位的标记。不过，在蒙图霍特普漫长的统治时期，从亡者随葬品渐趋日常化和官员雕像形态日渐平和，可以看出当时的政治局势逐渐趋于稳定。

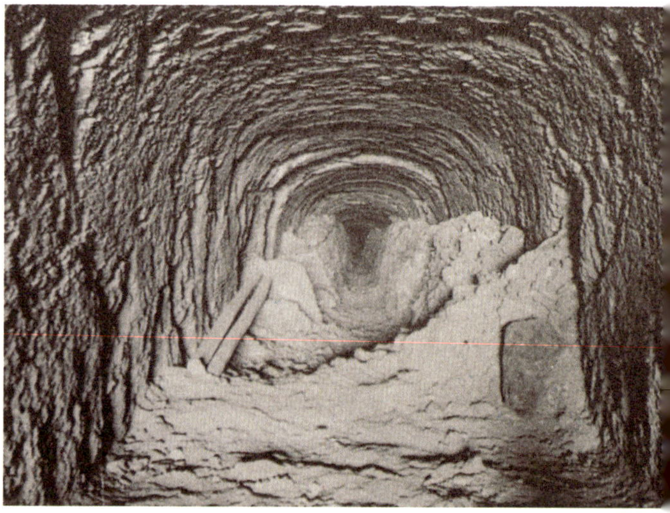

▲ 这条向下的通道通往蒙图霍特普的墓室，很遗憾里面已被劫掠一空

但是，只做世俗的法老对蒙图霍特普来说还不够：他要神化自己，让自己成为神。在其统治期间，他越来越强调自己在众神中的位置。蒙图霍特普被称作"哈索尔之子"（Son of Hathor），被刻画为头戴阿蒙神（Amun）和敏神（Min）[1]头冠的形象；有的地方将其刻画为下流的敏神形象，"下流"这个词究竟是何含义，您可以去查一查看一看！很多迹象表明，蒙图霍特普为自己修建祭庙"千秋万代之屋"（House of Millions of Years），是希望这里成为人们祭拜自己的宗教仪式中心。在这一点上，他希望新王国的宗教能有所变化和发展。

1　敏神，古埃及神话中男性生殖的守护神，也是沙漠旅行人的守护者、孩童的保护者，其形象重点会刻画其勃起的阴茎。——译者注法老蒙图霍特普在位期间两次改变头衔，法老头衔展现的是其统治的方略，他先是改为“戴白色王冠的神”，后来又改为“他将上下埃及归于一统”。

统一埃及之后，蒙图霍特普二世的臣民认为这位法老是神或者半人半神。

蒙图霍特普从首都底比斯开始，着手限制州长们的权力，留下帮助他打败赫拉克里奥坡里斯王朝的人，除掉那些与之作对者。不过，劫后余生的一些州长，能够获得比以前更多担任王室监察官员的机会。这些官员的足迹遍布各地。大臣基提负责管理西奈、阿斯旺和黑内努（Henenu），他是“长角的、带蹄的、覆羽的、有鳞的（动物）监管者”，赴黎巴嫩为国王获取雪松木。

蒙图霍特普重新统一埃及的成就，给埃及社会和记忆留下了深刻的印记，甚至晚到第二十王朝的很多私人墓葬的铭文，都在纪念这位终结了古王国崩溃后动荡局面、再次统一埃及的人物。

在带铭陶片上，人们发现了一个有关鬼魂的故事，其年代可以追溯到新王国时期。这个故事讲述的是蒙图霍特普二世法老时代的事情，一般认为，就是发生在他在位期间，这个故事已经有大约四千年的历史了。故事写在德尔麦迪那附近发现的四块陶片上，讲述的是阿蒙神的高级祭司考恩辛哈布（Khonsemhab）被一个名为尼布辛美科（Nebusemekh）的不安宁的鬼魂拜访，这个鬼魂向祭司

► 蒙图霍特普二世的彩色砂岩雕像，现陈列于开罗埃及博物馆

▲ 德尔巴赫里祭庙建筑群壁画上的蒙图霍特普二世形象

哀叹，说自己的墓葬已经破败不堪，人们已经不再向他献祭食物，如果这样下去他的灵魂将无处安放。考恩辛哈布问他是谁，尼布辛美科说他曾经负责管理蒙图霍特普的财库，在军队中担任过队长。他在法老统治第十四年时死去，法老给自己忠诚的仆人提供了来生所需要的一切，但是现在对他的关心日益淡漠了，他现在每况愈下。考恩辛哈布祭司向尼布辛美科保证，会负责照料好他的墓葬，不过尼布辛美科不相信：他认为祭司没有钱财为他重修新墓，也无法提供足够的食物维持他的生活。然而，考恩辛哈布并没有食言，他派人去寻找尼布辛美科的坟墓。消息传来，尼

蒙图霍特普重新统一埃及的成就，给埃及社会和记忆留下了深刻的印记。

▲ 蒙图霍特普祭庙建筑群航拍图

布辛美科的墓葬找到了，考恩辛哈布非常高兴，询问这位官员他都看到了什么。

遗憾的是，故事的结尾不得而知，记录故事结尾的陶片应该还有可能重见天日，我们希望如此。专家们猜测，在故事中考恩辛哈布会来到尼布辛美科破败不堪的墓葬前，告诉他的鬼魂，他很快就会有一个新家。纵观所有主题，我们可以清楚地看到这个故事讲述的希望和恐惧，这种情感将我们与那些生活在数千年前的人们联系在一起，他们生活在一个与我们不同的时代，他们害怕被人遗忘和抛弃，也像我们一样能感受到义务和责任的召唤。这是一个见证时代虽然不同但人性亘古不变的证据。

阿赫摩斯一世：统一的力量

历经多年动荡之后，有一位国王抗击了入侵者，统一了埃及王国，建立了新的王朝，组织建造了最后一座由埃及人修建的金字塔

多姆·莱赛－林肯

一想到古埃及，我们头脑中首先浮现的画面就是，虔诚敬神的法老们统治着幅员辽阔的帝国，男女法老们为礼敬神祇建造大型陵墓和纪念碑。不过，对尼罗河这些统治者的这种印象不仅失于刻板，而且还流于片面。实际上，在埃及每一段政治统一的和平时期中间，都夹杂着一个分裂或几乎完全由异族统治的时期。阿赫摩斯一世作为第十八王朝的建立者，就出生在这样的一个时期。他日后要继承的王国，彼时正被掌控下埃及已达一个多世纪之久的入侵者们一分为二。现在，将要由他出来扭转这种长期的困局了。他励

阿赫摩斯一世与其妻子暨姐姐阿赫摩斯·奈菲尔塔利（Ahmose-Nefertari）生育了很多孩子。其中两个儿子撒帕尔（Sapair）和赛门（Saamen）幼年夭折。

阿赫摩斯一世唯一的一座金字塔遗迹留存下来的很少，但可以确定的是，金字塔建成时的规模有大约 70 平方英尺[1]

1　70 平方英尺约等于 6.5 平方米。——译者注

阿赫摩斯一世的木乃伊

阿赫摩斯一世跟许多希望死后将自己葬在最宏大陵墓中的国王和女王一样，他的木乃伊让我们一睹古埃及最强大国王们的生理特征。最初，人们认为一具 50 岁的男性木乃伊属于法老阿赫摩斯一世，但是后来的研究表明，阿赫摩斯一世死亡时只有 30 岁左右。一些线索例如木乃伊缺少类似法老双臂胸前交叉的传统体貌特征表明，这具木乃伊可能并不是阿赫摩斯一世。

阿赫摩斯一世木乃伊遗存的状态，也揭示了一段颇为引人的尸检史。他的陵墓 1881 年在（底比斯大型墓葬群中复杂的祭庙体系）德尔巴赫里被发掘，其木乃伊与第十八王朝的其他君主如阿蒙霍特普一世（Amenhotep Ⅰ）和图特摩斯一世（Thrtmose Ⅰ）在一起，但是一般认为他的尸体最早应该是葬在尼罗河西岸附近的德拉·阿布·埃尔纳伽（Dra’Abu el-Naga）。

那么，为什么阿赫摩斯一世的木乃伊要从原始墓葬迁移到现在这个墓葬中呢？缠裹木乃伊的亚麻布上通常都有象形文字铭文，以指明死者个人和家族的尊贵身份，但是阿赫摩斯一世的裹尸亚麻布上，既写有他的名字，也有 400 年后统治埃及的另一位君主祭司王派恩杰姆二世（Pinedjem Ⅱ）的名字。一般认为，因为阿赫摩斯一世的陵墓曾被盗掘破坏，所以派恩杰姆二世家族将阿赫摩斯一世的木乃伊迁到这位后世国王的墓葬中。

雕像通常使用砂岩雕刻，这尊雕像可能是阿赫摩斯一世

精图治，伟大功绩使其跻身古埃及最杰出统治者之列。

为了解阿赫摩斯一世在第十八王朝初期一系列措施的重要性，以及这些举措对这个国家未来几个世纪的影响，有必要回顾一下他父亲赛肯奈拉·泰奥（Seqenenre Tao）统治时期的情况。泰奥同他的祖辈们一样，在位期间的统治也受制于埃及北部的异族占领军势力。大约在公元前 1720 年，源自亚洲的闪米特商人和武士即众所周知的希克索斯人，入侵并占领了尼罗河三角洲地区，他们在埃及的这一地区建立了独立王国。南部地区第十三王朝、第十四王朝的崩溃，让希克索斯人获得了发展的机遇，他们在此扎下根来。到公元前 1650 年为止，希克索斯人已经变得相当强大，他们建立了自己的王朝，是为第十五王朝。希克索斯王朝建都阿瓦里斯，贵族萨利提（Salitis）成为国王。

希克索斯人对他们治下的埃及并没有采取铁腕统治，如果非要说改变的话，那么就是他们迁徙并定居下埃及，让这一地区及其民众受益匪浅。他们带来了新的工具和食物，并打开了埃及的一角，打开了埃及通往亚洲地区的多重贸易路线。希克索斯人定居埃及是一个渐进的过程，埃及分裂的政治局面让一些外国商人和部落比较容

阿赫摩斯的战争使命很简单：狠狠打击希克索斯人、击溃他们、烧毁他们的堡垒。

易就能来到这一地区，希克索斯人这样好勇斗狠的部落最终定居于此也是顺理成章。他们带来了战车和复合弓，这些在当时都是非常先进的武器，让对手望而生畏。

第十四王朝末期瘟疫横行，底比斯利用权力真空时期趁势建立了一个并立的王朝，阿赫摩斯一世家族也就开始由此崛起。到阿赫摩斯一世的父亲泰奥掌权时，底比斯的国王们已经开始驱逐敌对的邻居。泰奥蔑视希克索斯人，拒绝纳贡，并在下埃及地区多次发动军事战争。考虑到他木乃伊头部的严重创伤，可以猜测他很可能死于战争之中。他把王位传给了长子卡摩斯（Kamose），卡摩斯继续对希克索斯人作战，他成功地将下埃及的希克索斯人驱逐，但是在统治 5 年后他去世了。

阿赫摩斯一世信奉阿蒙神，他将每次军事征伐的胜利都归功于阿蒙神（这也是后世许多法老遵循的传统）。

阿赫摩斯一世在 10 岁时就继承了王位，当时下埃及和底比斯正处于交战状态，国家实际权力落到他的母亲阿霍特普（Ahhotep）手中。阿赫摩斯一世的母亲阿霍特普在文献中被称为阿霍特普一世，这表明她在摄政期间应该正式就任了女王之位。在此期间，阿霍特普巩固底比斯的力量，将埃及宫廷中被剥夺权力的王室成员团结起来，不断强化王权以应对日后的战争。

阿赫摩斯一世长大成人后，继承父兄的事业继续打击希克索斯人，此时双方剑拔弩张的态势已经持续了将近 30 年。埃及在经历数百年外无威胁和入侵干涉的独立统治后，分裂成两股势力对立纷争的国家。这种状况激发了埃及精英阶层积极参与到国家独立和复兴以及创造更广阔世界版图的政治行动中来。在埃及人的观念中，阿赫摩斯一世正是这样一位引领埃及变革发展的理想人选。他与其父兄一样，认识到希克索斯人之所以占据优势，是因为他们拥有先进的军事武器；另外，希克索斯人在两地边境构建的一系列堡垒要塞，也是他们的优势所在。

阿赫摩斯一世的战争使命很简单：狠狠打击希克索斯人、击溃他们、烧毁他们的堡垒、摧毁他们的定居点、把他们逐出三角洲地区。阿赫摩斯一世应该发动了三次战役，每次都将希克索斯人打得节节败退。阿赫摩斯一世富于谋略，首先切断了希克索斯人的首都阿瓦里斯与外界的联系，并最终攻占了荷鲁斯大道（the Horus Road）和整座城市。埃及人的攻势持续多年，一如所有战争一样，战场流血漂橹，但是异族的僭位者们最终被逐出埃及国界，退到今天的巴勒斯坦和叙利亚。

阿赫摩斯一世驱逐希克索斯人，标志着异族占领埃及局面的终结，也标志着埃及国家统一的开始。这位法老看到，现在的埃及只不过是对往昔荣耀的苍白模仿，埃及急需重新组织和焕发活力。因此，他加紧了军事远征的步伐，渴望再创埃及区域强国的局面。将希克索斯人逐回叙利亚后，他继续展开军事行动，摧毁希克索斯人的老巢，征服他们的土地，埃及疆域不断扩大。阿赫摩斯还进一步向努比亚推进，在对外关系上表现出野心勃勃的态势。

阿赫摩斯一世凭借英勇无畏的领导，将埃及带入了一个崭新的时代。中王国和第二中间期政治混乱、异族入侵的局面结束了。新王国得以建立，阿赫摩斯一世励精图治，希望复兴埃及往昔的荣光。重新统一的北方带来了全新的艺术和建筑技术，其中包括玻璃吹制技术的改良。阿赫摩斯一世统治期间，艺术繁荣，制陶及其他的艺术表达形式，见于底比斯的大街小巷和全国各地。阿赫摩斯一世的对外扩张给埃及带来了巨大的财富，他充分地利用这些财富，建造了许多新的神庙，并着手修建金字塔，他希望这座新的金字塔能与吉萨大金字塔相媲美。

古埃及语“阿赫摩斯”一词，大体可以译成“从月而生”或者“月亮之子”。

底比斯本身也是阿赫摩斯一世瞭望欧洲新视野的重要组成部分。他将底比斯建为首都，这里是阿赫摩斯家族的所在地，所以建都于此理所当然。在中王国的繁荣时期，底比斯一直都是国家的文化和宗教中心，因此对阿赫摩斯一世来说，这座城市的历史价值意义非凡。阿赫摩斯一世殚精竭虑，希望重新回归埃及历史的光辉岁月，哪怕只是通过单纯的想象。最后，底比斯之所以成为新都，也是因为其地理位置非常重要，它位于埃及统一国家的中部，即便希克索斯人再次入侵这个刚刚步入统一的国家，新都也能获得更有力的保护。同时，底比斯也为监控南部的努比亚人提供了足够的缓冲之地。

阿赫摩斯一世声名显赫，还缘于他是最后一位在埃及修建金字塔的国王。他一方面对埃及曾经的黄金时代追慕不已，另一方面又希望能为民众开拓一个全新的繁荣时代。他主导的军事征服和对外贸易的成功促进了埃及经济的发展，他想用最奢华的方式即修建宏伟的金字塔来展现自我。这将是一座标记他一生和功绩的纪念碑，它将永远矗立在他的家乡。有意思的是，阿赫摩斯一世的金字塔并不是一座陵墓，而是一座纪念碑（即纯粹是一座仪式性的纪念碑）。金字塔建在底比斯也就是今天的阿拜多斯附近，这项工程在他统治的最后几年竣工。按照当时的传统，金字塔的建筑材料采用沙子和碎石，以石灰石作为外层以保护金字塔。金字塔建成后，底边长约 52.5 米，高 40 米。相比之下，这座金字塔要比埃及其他地区宏伟的金字塔（吉萨大金字塔高度约为 130 米）规模小得多。

阿赫摩斯一世的金字塔，原本应该是底比斯神庙建筑群中最靓丽的一景，但让人伤感的是，这座金字塔并没有留存下来，在阿赫摩斯之后的时代里，为了修建其他建筑，这座金字塔宝贵的石灰石保护层被剥取下来，建筑的其他部分也很快土崩瓦解了，现在残存的只有曾经矗立原地的一堆 10 米高的碎石。

同许多法老一样，阿赫摩斯一世死亡的年代并不确定，最常见的观点认为是在公元前 1525 年。不过，相对于阿赫摩斯一世对埃及生活的影响，他的自然死亡时间已经不那么重要。

卡穆迪（Khamudi）：第十五王朝的末代君主

卡穆迪的父亲阿佩皮（Apepi）最早开始防卫希克索斯人控制的下埃及地区，并且打击新近复兴的底比斯政权。到了卡穆迪统治时期，他对底比斯发动了最大规模的反击（但最终失败了）。然而，统治埃及大半壁江山、自认正统的第十五王朝的这位国王，这位末代之王到底是谁？

名为卡穆迪的这个人，一直是第十五王朝最神秘的人物之一，主要是由于其统治时间短暂，一些历史学家包括埃及学家吉姆·瑞赫特（Kim Ryholt）都认为，卡穆迪的在位时间几乎不到一年，这与他父亲在位40年相比的确非常短暂。其他历史学家包括唐纳德·莱德福德（Donald Redford）和艾丹·多德森（Aidan Dodson）博士则有所不同，他们认为卡穆迪的统治持续了10~12年的时间。我们确定的是，在阿赫摩斯一世最后的猛烈围攻中，卡穆迪让其民众从希克索斯首都阿瓦里斯撤出。然而不清楚的是，这位闪米特人的统治者是死于围城之战还是与其他难民一同逃回了叙利亚和巴基斯坦。在阿瓦里斯，发现一处纪念其统治的纪念性建筑，是一座方尖碑。

重要时刻

第十八王朝建立

公元前 1539 年

有意思的是，第十八王朝（阿赫摩斯一世为第一任法老）的确立，是在阿赫摩斯一世成功将希克索斯人逐出埃及之后，与埃及的许多王朝一样，第十八王朝的正式排序是后人追溯的。战胜希克索斯人，统一上下埃及，这是丰功伟绩，象征了新时代的到来。因此，阿赫摩斯一世执政被认为是第十八王朝的开端。

时间表

公元前 1720年

希克索斯人入侵

来自亚洲的一些商人和武士占领尼罗河三角洲地带，在此建立了独立王国。最终，他们占领了整个下埃及地区。

公元前 1720 年

卡摩斯去世

阿赫摩斯一世的哥哥卡摩斯死因不明，最后王位传给了这个当时只有 10 岁的弟弟。

公元前 1550 年

阿霍特普摄政

由于阿赫摩斯一世年幼，无法对上埃及进行真正的统治，因此他的母亲阿霍特普开始摄政。阿霍特普颇受欢迎，她延续了此前打击希克索斯人的策略。

公元前 1550 年至前 1539 年

修建金字塔

阿赫摩斯一世着手建立一座新的金字塔，这是几百年来在阿拜多斯建立的第一座金字塔。金字塔竣工时，其规模尽管比其他金字塔小很多，但依然是底比斯让人印象深刻的一景。

公元前 1528 年

重要时刻

阿赫摩斯一世去世

公元前 1525 年

阿赫摩斯一世与其兄长不同，在位时间并不短暂，实际上他的统治持续了大约 25 年，直至 35 岁时去世。其死因尚不清楚，但是到其子阿蒙霍特普一世即位时，埃及已经进入繁荣的时代。捷报频传的军事征服及其与邻国复兴的商业贸易，给埃及带来了巨额的财富，促进了商业的发展，（包括建筑业和纺织业在内）相关行业的复兴，让埃及重新焕发出活力，万象更新，献给阿蒙神的神庙和其他纪念性建筑广泛兴建。

反击希克索斯人的斗争

大约从这一时期开始，阿赫摩斯一世开始正式协调作战，反击希克索斯人。卡穆迪是当时下埃及的国王。

公元前 1532 年

阿赫摩斯一世占领阿瓦里斯

阿赫摩斯统治的第十八至十九年间，希克索斯人的首都阿瓦里斯最终陷落。底比斯的统治者控制了这一城市，将这些入侵者驱逐回迦南地区。

公元前 1529 年至前 1528 年

阿赫摩斯一世与阿赫摩斯·奈菲尔塔利结婚

按照传统，阿赫摩斯一世娶了他的很多姐妹为妻。阿赫摩斯·奈菲尔塔利是他的正妻，他还娶了自己的姐妹阿赫摩斯·西卡摩斯（Ahmose-Sitkamose）、阿赫摩斯·赫努塔美胡（Ahmose-Henuttamehu）。

公元前 1537 年

提扎鲁（Tjaru）的陷落

在阿赫摩斯一世打击希克索斯人的最初几个月里，他的军队就控制了提扎鲁要塞，有效切断了希克索斯人的首都阿瓦里斯与其故乡迦南（Canaan）之间的联系。

公元前 1532 年

重要时刻

王国的扩张

公元前 1528 年至前 1525 年

阿赫摩斯一世将希克索斯人逐回叙利亚和巴勒斯坦后，率领刚刚统一的埃及进行了大规模的对外扩张。在北方他赶走了希克索斯人，摧毁了埃及边境地区的希克索斯堡垒要塞。一些历史学家认为，阿赫摩斯一世将驱逐闪米特入侵者的斗争扩大成了侵略战争。也有一些人认为，他只是在保护领土并进行单纯的解放战争。在阿赫摩斯一世统治的第二十二年，他扩张的脚步已经远达地中海东部地区。在南方的努比亚（今北部苏丹），他也进行了多次军事征伐。

继承者莫名死亡

最初，年轻的阿赫摩斯·安克（Ahmose-ankh）被认为是阿赫摩斯一世的当然继承人，但是随着他的死去，王位继承人变为长子阿蒙霍特普。

公元前 1531 年至前 1526 年

哈特谢普苏特：为王的王后

埃及历经了几十年的稳步发展，当一个女人试图打破王国的现状时，却再次陷入危机之中

爱丽丝·弗朗西斯（Alicea Francis）

古代世界中最有权力的一些人物，例如埃及的法老，被认为是按照神祇的旨意继承的王位，在人间就像神一样被崇拜。人们修建巨型神庙表示对他们的敬意，根据他们的形象制作雕像，建造金字塔表示对他们的纪念，从而确保他们的遗产永远流传。但是，作为历史上最玄秘的隐情之一，名列埃及最伟大统治者之列的一个人却几乎被掩埋在黄沙之中无人知晓。这位君主的统治痕迹从历史上被抹去了，其背后的原因，现在看起来似乎无关紧要：她是一位女性。

公元前 16 世纪，埃及经历了一段和平稳定的发展时期。公元前

哈特谢普苏特是具有埃及血统的统治时间最长的女法老，在位长达 22 年。

阿赫摩斯·西卡摩斯 — 外甥女嫁舅父 — 阿赫摩斯一世（公元前 1539 年至前 1525 年在位） — 姐妹嫁兄弟

阿赫摩斯·安卡

阿赫摩斯·撒帕尔

阿赫摩斯·梅里塔门（Ahmose Meritamon） — 姐妹嫁兄弟

阿赫摩斯

第十八王朝家谱

古埃及人相信君权神授。通过与自己的家人结婚，法老可以确保继承人尽可能拥有纯正的王室血统，因此人们认为近亲结婚并无不当，这也限制了王族的规模，减少了王位的潜在竞争对手数量。

1881 年在德尔巴赫里发现的图特摩斯三世木乃伊

1539 年（一说公元前 1520 年），阿赫摩斯一世建立第十八王朝，标志着一个新时代的开始，帝国达到了实力的巅峰。阿赫摩斯一世将定居的希克索斯人驱逐出下埃及，尼罗河三角洲重归埃及控制，这个国家五百余年来在政治上再一次获得了统一。阿赫摩斯一世重新构建了国家的行政管理体系，进行大规模的工程建设，公元前 1525 年阿赫摩斯一世的继任者阿蒙霍特普一世继位，继续开展工程建设。这是一个国力雄厚、社会稳定的时代。

随后的公元前 1506 年至前 1493 年，是图特摩斯一世统治时期，他前所未有地扩张了帝国的疆域。他去世后，王位传给了儿子图特摩斯二世，图特摩斯二世是由图特摩斯一世的一位次妻所生。为了确保王权，图特摩斯二世娶了同父异母的姐姐即图特摩斯一世的女儿为妻。她是纯正

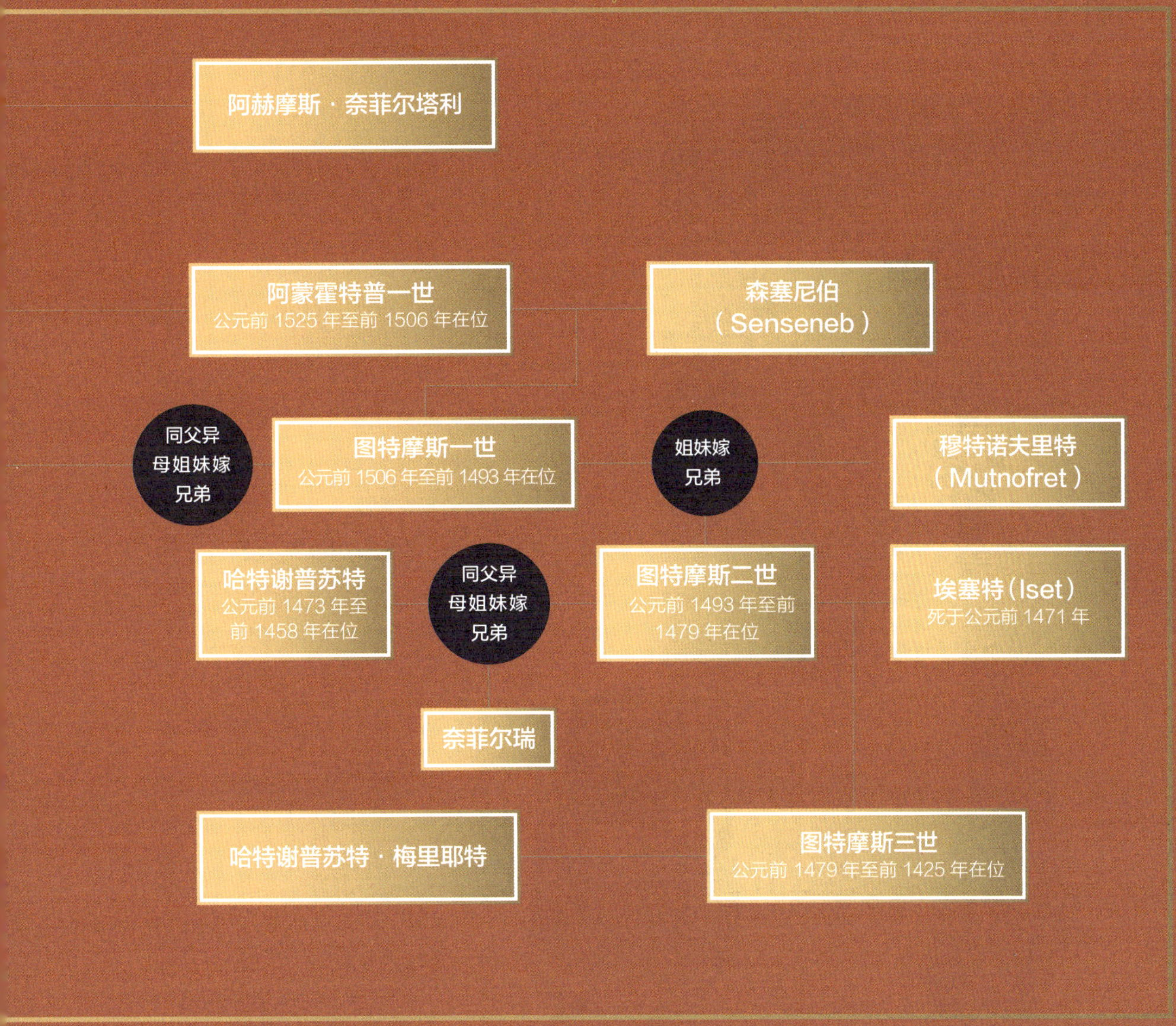

的王室血统，因此成为法老的正妻。她的名字就叫哈特谢普苏特。

哈特谢普苏特在年仅 12 岁的少年之时，就已经在王宫具有很大的影响力。很可能图特摩斯二世比她还要年少，所以外交和内政事务都由他的妻子决断。图特摩斯二世身体非常羸弱，这一点从他遍布疮疤的瘦小木乃伊上就能看出来。图特摩斯二世的统治持续了不到 13 年，在 20 多岁时去世。哈特谢普苏特在丈夫短暂的统治期间，为他付出了很多的心血和精力，但是图特摩斯所需要的用以延续王朝的香火，她却没能给他，那就是一个男性继承人。

因此，王位传给了图特摩斯二世一个妾室的儿子，这个男孩也叫图特摩斯，当时他只不过是一个刚刚蹒跚学步的孩子，所以他需要有人摄政帮助处理政务，直到他长大成人后亲政为止。

▲ 哈特谢普苏特神庙中，女王雕像是戴着传统假胡须的形象

根据传统，这个责任落到了孀居的女王也就是他的姨母暨继母身上。在这期间，摄政统治再次出现，这种共同执政的情形也见于此前的古代王国。在当时的许多纪念碑和浮雕上，都刻画了这位十几岁的图特摩斯三世和身边的哈特谢普苏特共治的形象。但是，在图特摩斯三世统治的第七年或者更早些时候，发生了一件事，影响了第十八王朝一直努力经营的繁荣稳定局面，那就是女摄政哈特谢普苏特以国王身份登上王位。

通过当时浮雕和铭文的一些细节变化，我们能够一窥这种权力的变化情况。图特摩斯三世登上王位后的几年，他们开始雕刻哈特谢普苏特承担一些本应由法老完成的工作的场景，例如向诸神献祭，下令建造方尖碑等。接着，她把自己的头衔从“国王之妻”改为“阿蒙神之妻”，又采用了一个新名字玛阿特卡里（Maatkare，源自玛阿特，意思是众神建立起来的秩序和公正）。通过这些手段，她强化了王权神授的观念，只有她具有王室血统，只有她能够维护国家的繁荣和稳定。

但是，她还面临性别与王权方面的一些小难题。古埃及人的宗教观念认为，王位只能由父传子，女性不足以践位。哈特谢普苏特为了让自己的统治合法化，开始为自己塑造一些男性特征。浮雕上她的形象，头戴条纹状尼米斯头饰和眼镜蛇头饰，这些都是国王身份的标志。还有些浮雕刻画了她身穿长及脚踝长袍的形象，但双腿为跨步姿势，这都是当时男性雕刻的范式。同样，铭文的书写变化也表现出了这位新法老的双性因素，书写时合并了阴性词尾，这样语法就出现了一些问题，例如“陛下（阳性词），女王”一类不合语法规范的表述。随着时间的推移，她似乎将自己的女性特征完全淡化了，雕像变成了身穿束胸宽衣、面戴法老假胡须的形象。

是什么促使哈特谢普苏特变不可能为可能，将自己加冕为法老的呢？有些人认为完全是缘于对权力的欲望，而有些人则认为是缘自王室家族另一支力量的威胁，迫使她登上王位，以确保继子的继承权。不过，有一点可以确定，在哈特谢普苏特统治期间，图特摩斯三世并没有幽闭宫中，而是被送到军队学习锻炼，锻炼如何成为一名优秀的战士，如何成为一位优秀的国王。还有一种观点，说哈特谢普苏特意图推翻图特摩斯三世，让自己的女儿奈菲尔瑞（Neferure）成为王位继任者，不过这种可能性极小，但也不能完全排除。

尚不清楚有多少女法老统治过埃及，大多数学者认为至少有七位。

无论动机如何，哈特谢普苏特成了埃及法老，她下定决心要证明自己具有正宗的王室血统，她会成为一个杰出的法老。她着手恢复希克索斯人占领埃及期间中断的贸易路线，这

▼ 浮雕表现了哈特谢普苏特女王焚香祭祀神灵的场景

寻找哈特谢普苏特木乃伊

在沙漠中迷失了三千年后，一个不太引人注意的证据揭露了她真实的下落

这位女法老与其父亲图特摩斯一世一起，被安葬在国王谷 KV20 号墓葬当中。1903 年，著名埃及学家霍华德·卡特（Howard Carter）发掘这座陵墓时，只发现了标有哈特谢普苏特名字的石棺，但她的木乃伊不知去向。

2007 年，埃及前文物部部长扎希·哈瓦斯（Zahi Hawass）领衔了一项寻找消失的女法老的前沿探寻项目。许多未能确认的第十八王朝女性木乃伊被排序，运用最新的科技手段进行检测。KV60 号墓葬中的一具木乃伊被高度怀疑属于哈特谢普苏特，该墓葬就位于 KV 20 号墓葬的前面。在 KV60 号墓葬中发现了两具女性木乃伊，其中一具根据棺文显示应该是哈特谢普苏特的乳母，另一具肥胖女性的木乃伊被发现时放在她旁边的地面上。

埃及学家此前就认为这具木乃伊应该是王室木乃伊，因为她的姿势是左臂交叉胸前，只是现在借助技术手段，终于能够彻底解决这具木乃伊是否是哈特谢普苏特的疑问。科研团队对这些与哈特谢普苏特关联紧密的木乃伊进行扫描，其中包括 3 具图特摩斯家族的木乃伊，然后对第十八王朝王室成员的面部结构进行影像合成，并与几具怀疑可能是哈特谢普苏特的木乃伊进行比对。在这一过程中，他们还对墓室出土的其他物品进行了扫描，包括标有哈特谢普苏特王名圈铭文的一个密封木盒。对木盒的扫描成为解决女法老谜题的关键。在这个木盒当中，装有哈特谢普苏特的木乃伊化肝脏，旁边还有一颗牙齿。KV60 号墓葬中的肥胖木乃伊也缺少一颗牙齿，经比对与木盒中保存的那颗牙齿完全吻合。哈特谢普苏特终于被找到。

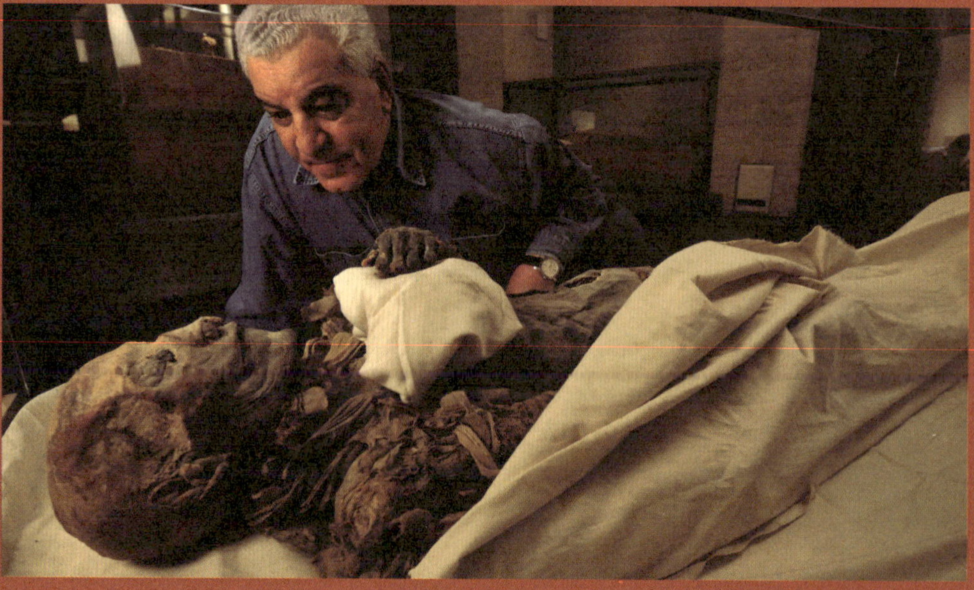

▲ 科学家借助木盒中发现的哈特谢普苏特牙齿，最终确认了她的木乃伊

一举措大大增加了第十八王朝的财政收入。这些贸易路线之一联通了蓬特（Land of Punt），蓬特是一个位于红海沿岸充满神话色彩的王国。以哈特谢普苏特之名派遣的五艘埃及船只，带回了乳香、没药和乌木。她还向巴布罗斯和西奈派遣了远征军进行奇袭。总体来说，哈特谢普苏特的外交政策是平和的，当然她也很可能率军攻打过努比亚和迦南。

哈特谢普苏特正是借助众多的纪念性建筑，在历史上留下了她难以磨灭的印记。留存至今的很多建筑遗存，证明了哈特谢普苏特是古埃及最多产的纪念性建筑建造者之一，她建造的工程比中王国所有先辈都规模更大、数量更多。她雇用伟大的建筑师伊来尼（Ineni）建造卡纳克神庙的纪念建筑，这是历代法老的传统，并修缮被外族统治者破坏的建筑。她在神庙的入口处建造了双子方尖碑，高度为当时世界建筑之冠，高达100英尺[1]。记录这一重大事件的纪念性浮雕刻画了宏大的场景，850个健壮的桨手驾着27艘船，沿着尼罗河拖拽着这对方尖碑。哈特谢普苏

1　100英尺约等于30.48米。——译者注

五大建筑工程

哈特谢普苏特的建筑工程非常宏伟，以至于在她死后许多法老都想掠美，都宣称是自己修建了这些建筑

红色神殿

哈特谢普苏特对丰富卡纳克神庙建筑群贡献良多，其中红色神殿是她建造的最重要的建筑之一。这是一座船形的神殿，里面放置了一艘模型船。古埃及人相信太阳神穿越黑暗时乘坐的就是船，船也是将死者灵魂运往来世的工具。红色神殿以红色石英岩为建筑主体，黑色闪长岩做地基。

双子方尖碑

方尖碑建在卡纳克神庙的入口处，是当时世界上最高的建筑。其中一座方尖碑现高 97 英尺[1]，重约 320 吨。根据底部铭文记载，采石场切割整块石料就耗费了七个月的时间。

帕赫特（Pakhet）神庙

帕赫特神庙是一座献祭给战争狮神的地下洞穴式神殿。神庙在尼罗河东岸悬崖岩壁上雕凿而成，有两个厅堂，中间有通道连接。神庙中发现了数量众多的猫木乃伊，有一些是从遥远的地方带到这里依照仪式埋葬的。

祭庙

到目前为止，哈特谢普苏特最伟大的建筑成就是德尔巴赫里祭庙，这座祭庙由三层柱廊平台建筑构成，高达 97 英尺。每层平台均由石柱支撑，有平缓的坡道上下连通，并环绕有花园。该祭庙被认为是埃及最具古典风格的建筑。

穆特神庙区（Precinct of Mut）

穆特神庙区是构成宏大的卡纳克神庙建筑群的四个主要神庙区之一，该区包括一处泉源圣湖和一座献给母神的神庙。穆特神庙区在希克索斯人占领期间遭到严重破坏，哈特谢普苏特法老将其修缮一新。

1　97 英尺约等于 29.57 米。——译者注

以哈特谢普苏特之名派遣的五艘埃及船只，带回了乳香、没药和乌木，以及其他很多珍贵的货物。

特在帝国全境开展了一个大型公共建设项目，其中包括修建连通所有圣所的祭祀游行道路。

哈特谢普苏特最具代表性的建筑是尼罗河西岸的德尔巴赫里祭庙，具体位于现在所谓国王谷的入口处附近。这位女法老开启了在这一著名地点建造王室墓葬的全新时代。祭庙的中心被称为至圣之圣所（Djeser-Djeseru），是一处建在崖面、有花园环绕的廊式建筑。祭庙的设计师是塞那莫特（Senenmut），他是建筑师和政府官员，也是哈特谢普苏特女儿的老师。塞那莫特出身低微，但他的故事非常精彩。他最早进入国家层面历史记录档案当中，是以“神妻的管家”之名，当时哈特谢普苏特居于摄政之位，后来成为法老。之后，塞那莫特获得了更为荣耀的头衔，总计 93 个，成为“阿蒙神的伟大管家”，负责管理卡纳克神庙的所有建筑活动和商业活动。

毫无疑问，这个男人在宫廷中拥有举足轻重的作用。有些历史学家认为哈特谢普苏特的成功归功于他，认为他才是哈特谢普苏特背后统治的真正力量。还有人认为塞那莫特在法老的生活中，可能具有更为亲密的角色。哈特谢普苏特允许他将自己的名字和自己的形象雕刻在哈特谢普苏特神庙正门的背面。在墓室的墙壁上，塞那莫特被描述为“每天都让国王心情愉悦”“照料她内心世界的仆人”，甚至“能为国王带来所有的欢乐”。在一处未完工的用于哈特谢普苏特神庙工人休息的墓室中，人们发现了一些涂鸦作品，上面描绘了一个男性正在跟一个有法老王权标志的两性人发生性行为。有观点认为，这件作品有力地证明了哈特谢普苏特与塞那莫特两个人之间存在性关系。但是，除此之外，几乎没有其他证据能够证明，这位女法老跟她的建筑师之间还存在着情人关系。即便有，他们之间的关系也应该是前所未有的，就算塞那莫特拥有无数头衔，他也依然只是一个普通人。

埃及女性拥有他们配偶所没有的许多权利，例如财产权和提出离婚的权利。

塞那莫特一直到死也没有婚娶。在他死后不久，哈特谢普苏特也于公元前 1458 年去世。她统治了 22 年，40 多岁时去世，死因很可能是牙齿感染，或者死于治疗家族遗传慢性皮肤病的药膏中毒。哈特谢普苏特最后试图将自己的统治合法化，她要求将她挚爱的父亲图特摩斯一世搬到她的墓室中，这样他们就可以在一起安息了。

哈特谢普苏特的继子图特摩斯三世继续统治了埃及 30 年，他在修建纪念建筑方面雄心勃勃，在开疆扩土方面锐意进取。图特摩斯三世率领埃及军队对亚洲进行了 17 次军事行动，征服的土地北达叙利亚，南及尼罗河第四瀑布。与此同时，

▲ 哈特谢普苏特祭庙位于尼罗河西岸的国王谷中

哈特谢普苏特统治时期的文化遗产，依然傲立在埃及的地平线上，那高耸的方尖碑和壮丽的雕像，诉说着她对自己拥有的那片土地的深沉热爱。

但是，到了图特摩斯三世统治的末期，他命令将他的继母哈特谢普苏特雕刻的王名圈饰和形象全部凿掉，将雕像全部砸碎后掩埋起来。甚至在卡纳克神庙中，试图将她的方尖碑用围墙围起来。对这种突然出现的巨变，有很多理论进行了解释。有人认为，这是图特摩斯三世在位末期在统治逐渐衰弱情况下采取的典型自我宣传行为，还有人认为这是一种经济省钱的方法，现存的建筑拆成建材可以供现任国王使用。

有一种观点认为，图特摩斯三世长大成人后，将哈特谢普苏特降为摄政者，并试图抹去她曾为法老的所有证据，同时宣称他是直接继承了父亲的王位。正如蒂尔兹丽（Tyldesley）所说的那样，图特摩斯三世这样做并非用心险恶，最可能的情况是，他是在经过冷静理性的思考之后，决定消除哈特谢普苏特的统治痕迹，因为“不恪守传统的女性国王，她的统治很可能会被后世认为是严重冒犯了玛阿特”。蒂尔兹丽提出，图特摩斯三世应该认真地思考了这位女法老的成功统治、她是怎样影响了埃及的社会秩序，并最后做出决定，将其痕迹从历史中抹去，目的就是为了不让其他女性效仿。也许，哈特谢普苏特唯一的错误，就在于她是一位女性。

在哈特谢普苏特之后，是否还有女性成为法老再续传奇仍然存在争议。引发这种猜测的，就是图特摩斯三世玄孙的妻子涅菲尔缇缇（Nefertiti）。有证据表明她曾经与法老共同执政，很可能在丈夫死后她自己以法老身份进行了统治。显而易见，如果她曾经如此的话，埃及人也不想让她的统治为后世铭记，就像哈特谢普苏特一样，涅菲尔缇缇的名字也从铭文上被凿掉了，她的木乃伊也遭到了破坏。

直到千年之后，才有另一位女法老登上埃及王位，她的名字是克莱奥帕特拉（Cleopatra），与哈特谢普苏特不同，克莱奥帕特拉的故事在未来几千年里在世界各地广为流传。

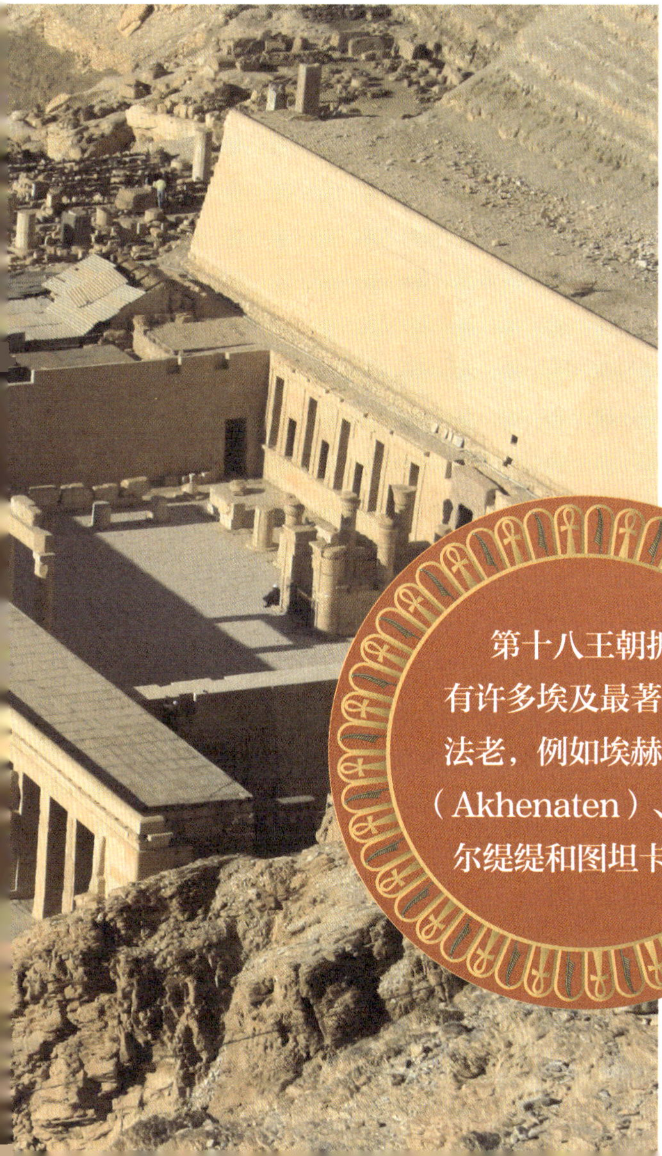

第十八王朝拥有许多埃及最著名的法老，例如埃赫那吞（Akhenaten）、涅菲尔缇缇和图坦卡蒙。

图特摩斯三世：骁勇的法老

图特摩斯三世耐心等待了继母 20 年执政后崛起，
成为埃及历史上最伟大的征服者之一

哈雷斯 · 阿尔 · 布斯塔尼（Hareth Al Bustani）

公元前 1479 年，图特摩斯二世去世后，埃及王国出现了权力真空的严峻局势。他的姐姐暨正妻哈特谢普苏特只生了一个女儿，他唯一的儿子图特摩斯三世则出自一位次妻，图特摩斯三世因年幼而无法行使统治权力。幼年时，他曾在卡纳克最重要的阿蒙拉神庙担任低级祭司，但是其他祭司一直奉他为法老。实际上，统治和影响这个国家的权力都掌控在继母哈特谢普苏特手中，哈特谢普苏特代替他摄政了 7 年，羽翼丰满后她自任法老与图特摩斯三世共治。

哈特谢普苏特继承的王国人口有三百万，国家经历了 60 年的稳定与繁荣。在她父亲图特摩斯一世统治时期，埃及在军事征服上也曾有过短暂的辉煌，图特摩斯一世曾远征劫掠“反向流淌的大河”幼发拉底河地区。埃及是一个充满活力的农业社会，地主、农民、手工业者、奴隶广泛

归功于图特摩斯三世，每年 10 月战舰返回埃及，都会满载外国的货物和奴隶，有些甚至来自遥远的爱琴海诸岛

▲ 在卡纳克神庙东边，图特摩斯三世修建了壮观的节日大厅（Festival Hall），其占地面积为 3060 平方米

分布在尼罗河谷沿岸的乡村地区和小城镇。尽管年幼的图特摩斯三世会成长为一位古代世界最英明神武、最具领袖魅力的领导者，但是在二人共治时期哈特谢普苏特一直占据主导地位。

哈特谢普苏特大力发展西奈地区的采矿业，还恢复了埃及长期以来中断的一些贸易路线。她派遣船队沿尼罗河航行，穿越到红海海岸，到达现代索马里附近的蓬特。船队返航时满载各类奇珍异宝，例如纯象牙、香料、化妆品、狒狒和豹皮。哈特谢普苏特举行了隆重的庆典，向底比斯主神阿蒙神献祭了 31 棵没药树、1 只活豹子、3300 头牛以及各种各样的珠宝。为了铭记功绩，哈特谢普苏特将这次伟大的探险刻画在自己的祭庙至圣之圣所中，这是一座建在德尔巴赫里西部崖边上的神庙。哈特谢普苏特还修缮了一些此前被忽视的神庙，在卡纳克神庙图特摩斯一世东柱厅建造了约高 30 米的方尖碑，这些方尖碑非常高，所以不得不拆除柱厅的房顶。

埃及是一个充满活力的农业社会。

经过漫长的 21 年后，哈特谢普苏特去世，图特摩斯三世终于走出了继母的阴影。图特摩斯三世在南部地区取得了一些军事胜利，但历经了 20 年的和平岁月，北部的敌人卡迭什国王变得胆大妄为，他迫使巴勒斯坦国王和犹大国王组成联军并唯其马首是瞻。哈特谢普苏特刚刚去世，卡迭什及其联军就向埃及进军，占领了麦吉多（Megiddo）城，麦吉多是连通埃及、美索不达米亚贸易路线的重要据点。胡里安人的米坦尼王国也站在卡迭什这一边，其控制范围从利凡特（Levant）横贯阿勒颇（Aleppo）直到幼发拉底河东部。

图特摩斯三世并未将卡迭什的进犯当作麻烦，而是将其视作建功立业的绝佳机会。他当机立断，聚集了两万人的军队，仅仅用九天时间就行军240千米，穿越西奈沙漠到达加沙（Gaza）。随后埃及军队又从加沙穿越卡梅尔山脊（Carmel Ridge），给予卡迭什联军毁灭性打击。卡迭什及其联军作战主要依赖战车，图特摩斯三世的军队则是高效的多兵种组合：战车兵、复合弓弓箭手以及“强臂兵”，他们配备了投掷矛、青铜剑或者长柄斧头，给敌人造成了沉重的打击，这从士兵们砍下的敌人手掌这一战利品的数量就可以看出。卡迭什国王逃遁了，但是他的家人被俘虏成为人质。图特摩斯三世获得了可观的战利品，有924辆战车、2238匹马、200套甲胄，还有从卡迭什国王那里掠夺来的无数珍宝。

为了向北部地区推进，图特摩斯三世修建了一座堡垒，名为“图特摩斯是野蛮人的捆绑者”（Thutmos-is-the-Binder-of-the-Babarians），以防御敌军的进犯。图特摩斯三世并没有冒险过度扩张，他调整了新占领区的统治策略，撤换掉反叛的统治者，替换以效忠埃及之人，并给予他们相对自治的权力，让他们向自己定期纳贡。此外，这些统治者的长子会被带到底比斯，这些人不单单是人质，埃及会培养他们，让他们成为埃及日后的朋友。

到10月时，图特摩斯三世已经征服巴勒斯坦，占领了黎巴嫩南部三座城市，军队推进到大马士革，洗劫了叛乱城镇的财富，劫掠了193千克金银，还有艺术品以及其他战利品。图特摩斯三世的军队已经成为训练有素的战争机器，能划分为多个作战单元灵活机动地作战，彼此之间联络畅通，如有需要可以重新聚集进行整体性进攻。图特摩斯三世在底比斯举行了胜利庆典，他将大量城镇、土地、珠宝、农民和牛羊献给阿蒙神庙。两年之后，他重返利凡特，接受亚述国王派遣的使臣的致意。亚述国王统治着底格里斯河

▲ 图特摩斯三世征服的脚步远及安纳托利亚和幼发拉底河，他发动了埃及历史上最为漫长的扩张和征服活动

赫利奥坡里斯方尖碑是图特摩斯三世时期建筑成就的永恒遗产，如今矗立在伦敦，俯视着维多利亚堤岸

建筑大师

图特摩斯三世建造的和他毁掉的一样多

尽管图特摩斯三世是一位伟大的征服者，他毁灭了前进路上所有的王国，但他同时也是一位建筑作品丰富的缔造者，尤其是在他统治的最后十年，下令在 50 多个地方——从黎巴嫩海岸的巴布罗斯到苏丹的盖贝尔巴卡尔（Gebel Barkal）的沿线地区——建造了伟大的作品。

图特摩斯三世向卡纳克的阿蒙拉神庙捐献了巨大的财富，他建造了第六桥塔和第七桥塔，建造了一座巨大的圣湖，并在花园里种植来自亚洲的奇花异草，养殖珍奇异兽。在东部，他建造了一座带有列柱的节日大厅，面积达 3060 平方米，带有一个植物园室，室中刻画了征服来的植物。它是底比斯最宏伟壮观的建筑物之一，后来在这里主持年度欧佩特节（Opet Festival）。在他统治时期，他将卡纳克神庙建筑群整体扩大，从 9555 平方米扩大到 15800 平方米。

图特摩斯三世的建筑师建造方尖碑来纪念他第三十个“五十年节”（jubilee，原意为宗教的大赦日）。图特摩斯三世从幼发拉底河胜利归来后下令在卡纳克神庙建造极为宏大的方尖碑，用来庆祝征服凯旋。在图特摩斯三世第四十个五十年节中，他在赫利奥坡里斯建造了两座宏伟的方尖碑，如今高高矗立在纽约和伦敦上空。

图特摩斯三世先为他的上层人物和官员们建造了宏伟壮丽的墓葬，在 6 年之后才建造自己的墓葬。其设计的目的是要超越哈特谢普苏特的杰作，这座墓葬成为河谷一年一度的美丽节行进队伍的终点。

上游地区广袤的土地，他向埃及慷慨赠予了巴比伦尼亚的天青石和马匹，图特摩斯三世视之为一种贡赋。在图特摩斯三世统治的第二十九年，他意识到如果埃及要彻底摧毁卡迭什，就必须在地中海沿岸建立一个据点。图特摩斯三世在孟斐斯附近的佩鲁奈弗（Perunefer）组建了一支舰队，他起航前往腓尼基和叙利亚，重整军队攻占了富裕的港口城市图尼普（Tunip）对面的一座海岸城市。很快，邻近区域的商人头领们就从海岸对面蜂拥而至，向图特摩斯三世表示臣服。次年，图特摩斯三世回到幼发拉底河附近的港口城市锡姆拉（Simrya），沿着山谷向卡迭什进军。

卡迭什都城位于奥龙特斯（Orontes）河西岸，这是叙利亚地区最为坚固的一座堡垒，控制着直通内陆的主干道，其北部由护城河环绕护卫。图特摩斯三世围攻卡迭什，仅是攻破都城城墙就靡费日久，以致河岸城镇阿瓦达（Arvad）以为埃及攻势显露颓势，见风使舵起兵叛乱，扣留贡赋拒不上缴。卡迭什陷落后，图特摩斯三世率领

▲ 在图特摩斯三世晚年，无论是出于对继母单纯的憎恨，还是让王位传承有序，他抹掉了哈特谢普苏特的图像和名字，让她此世无痕、来世无望

► 德尔巴赫里的图特摩斯三世神庙。这座神庙主要献给阿蒙神

大军回师，血腥镇压了阿瓦达，并依此将海岸的港口挨个镇压。

图特摩斯三世在他统治的第三十三年终于打败强大的卡迭什，继续东进直面真正的敌人米坦尼王国。他再次扬帆到达锡姆拉，重踏征程。这一次他沿奥龙特斯河北进，攻占了森扎尔（Senzar）城。他摧毁了一座又一座村庄，以阻击强大的米坦尼军队。占领阿勒颇后，埃及军队继续北上不断摧毁定居点，兵锋所到之处均夷为平地。图特摩斯三世继祖父之后，带领埃及军队再次劫掠了幼发拉底河流域，尽管米坦尼一直拒绝与埃及公开交战。

在安纳托利亚的东南部，图特摩斯三世摧毁了幼发拉底河西岸的卡尔凯美什（Carchemish）城。历经十年征战，此刻图特摩斯三世俯瞰着这条大河，看着他的士兵们用牛车拖拽着浮桥，他品味着这一刻。渡河之后，他在祖父当年树立的界碑旁边又立了一块界碑。攻占米坦尼首都的诱惑让人心潮澎湃，图特摩斯三世已经深入敌人内地。他一直很有耐心，不会犯险以免失去现有的战果。

于是，图特摩斯三世回师西部，攻取了尼耶（Niy）城，在尼耶城他率领军队围猎象群。米坦尼的地方贵族们意识到大难临近，卑微地前去献贡。图特摩斯三世在回程路上，还收到了来自巴比伦尼亚的礼物，就连安纳托利亚新崛起的赫梯人也献上了礼物。有了强大的水路供给，图特摩斯三世将埃及建设成了一个强大的海上强国，其影响力不仅限于塞浦路斯，还远及爱琴海诸岛屿。

图特摩斯三世俘虏蓬特邻国埃里姆（Irem）酋长之子后，重返米坦尼，粉碎了米坦尼国王领导的王子联盟。7年之后，也就是在他统治第四十二年，图特摩斯三世镇压了一起规模更大的叛乱，将卡迭什周边区域夷为平地，征服希克索斯人，随后胜利班师。图特摩斯三世虽然一直主要关注埃及东北部，但在其他地区也有所推进。他占领了西部绿洲地区，将其分给自己的将军楚尼斯（Thunis）。在底比斯，他接见来自南部地区的使节，接受了努比亚的

▲ 图特摩斯三世是图特摩斯二世与一位次妻之子，他在阿蒙神庙被其他祭司奉为法老

“除名毁忆”的含义是，将一个人从官方记录中清除。

▲ 法老军队是机动灵活的多兵种组合，20000 名士兵包括战车兵、近战步兵以及使用大杀伤力复合弓的弓箭手

献贡。图特摩斯三世在努比亚征服了尼罗河上游地区大约 115 个定居点，战争一直持续到他统治的第五十年。在图特摩斯三世之前，一般的统治者平均五年发动一次战争，但是图特摩斯几乎一年发动一次战争，开展了埃及历史上最为漫长的扩张和征服战争。

图特摩斯三世晚年的时候，对继母哈特谢普苏特的憎恨似乎达到了前所未有的程度，他发动了大规模的除名毁忆（Damnatio memoriae，除忆诅咒）活动。卡纳克神庙大方尖碑上哈特谢普苏特的名字被用砖石覆盖，墙壁上的形象被凿掉，她支持者的雕像也被毁掉。图特摩斯不三世仅要抹掉她的历史，还要毁掉她的来世。

每逢冬季，图特摩斯三世会巡视国内各地，治理地方政权的腐败和征税问题。埃及人对 10 月翘首以盼，那时埃及的战船会返回国内，满载来自异域的工艺品、器具和农产品，还有金银贡品以及外邦的奴隶。国库每年能聚敛超过 350 千克的黄金，有一次竟然入库 4056 千克的金银合金。

埃及王国在图特摩斯三世的统治下日益强盛，史无前例。然而他的健康状况每况愈下，于是任命自己的儿子阿蒙霍特普二世与自己联合执政，在一年之后即大约公元前 1447 年，图特摩斯三世去世。这位法老死后葬在国王谷，他的名字让几代西亚北非人闻之胆寒，他的名字被刻饰在埃及护身符，即底比斯崛起的强大公牛上。

图特摩斯三世将埃及建设成了一个海上强国。

麦吉多之战

揭秘这场反对埃及帝国的叛乱是如何被挫败的

斯蒂夫·莱特

麦吉多之战（Battle of Megiddo）通常被认为是第一场记录最详尽的战斗，但发生在公元前 1457 年的这场战斗的重大历史意义绝不止于此。图特摩斯三世法老的胜利，标志着一个更加繁荣的帝国时代的黎明正在到来。

在图特摩斯三世统治最初的 22 年里，他与继母哈特谢普苏特实行共治。大约公元前 1458 年哈特谢普苏特去世，图特摩斯三世独立执政，埃及平静的局势之下暗流涌动。卡迭什国王对埃及宗主国地位的不满情绪由来已久，此时公然挑起叛乱。

卡迭什联合米坦尼以及迦南各邦例如麦吉多反叛，给刚刚独立执政的图特摩斯三世带来了重要的挑战。麦吉多控制着埃及人重要的贸易路线维亚马里斯（Via Maris），同时麦吉多也是埃及与赫梯帝国之间的缓冲带。一场战争不可避免。

埃及

军队：10000—20000人
战车：10000辆

图特摩斯三世

统帅

作为埃及法老，他不仅是国王，也是埃及帝国军队的指挥官。

优势：作为伟大的埃及帝国的领袖，他拥有更多经验丰富的军事指挥官，有更多的支持。

劣势：新登法老王位，年龄较轻、执政经验不足，引起了迦南反叛。

战车

作战单位

在古代相当于主战坦克，可以出其不意给敌人毁灭性打击。

优势：速度快，冲力强，相对步兵而言具有制高点，可使用弓箭射杀敌人。

劣势：难以灵活和娴熟地使用弓箭。

复合弓

重要武器

优势：最新发明，用于战车攻击，可对敌军步兵单兵造成致命杀伤力。

劣势：仅能携带有限羽箭，一旦射尽基本毫无他用。

卡迭什国王

军队：10000—15000人
战车：100辆

卡迭什国王

统帅

反抗埃及帝国的叛乱联军实际首领，联军来自迦南、卡迭什、麦吉多和米坦尼。

优势：与埃及军队数量相当，后方基地是防卫森严的城市。

劣势：低估这位年轻法老的军事能力，造成重大战略失误。

步兵

作战单位

这些标准化步兵是叛军的主力。

优势：装备精良，仅需要全力守卫住三个通道。

劣势：军事指挥权分散于不同地区叛军首领手中，难以就共同战略形成一致意见。

长矛

重要武器

步兵主要武器，运用得当会产生良好的攻击效果。

优势：使用相对简单，作为手持性武器攻击长度占有一定优势。

劣势：不能完全有效抵挡战车上弓箭手的攻击。

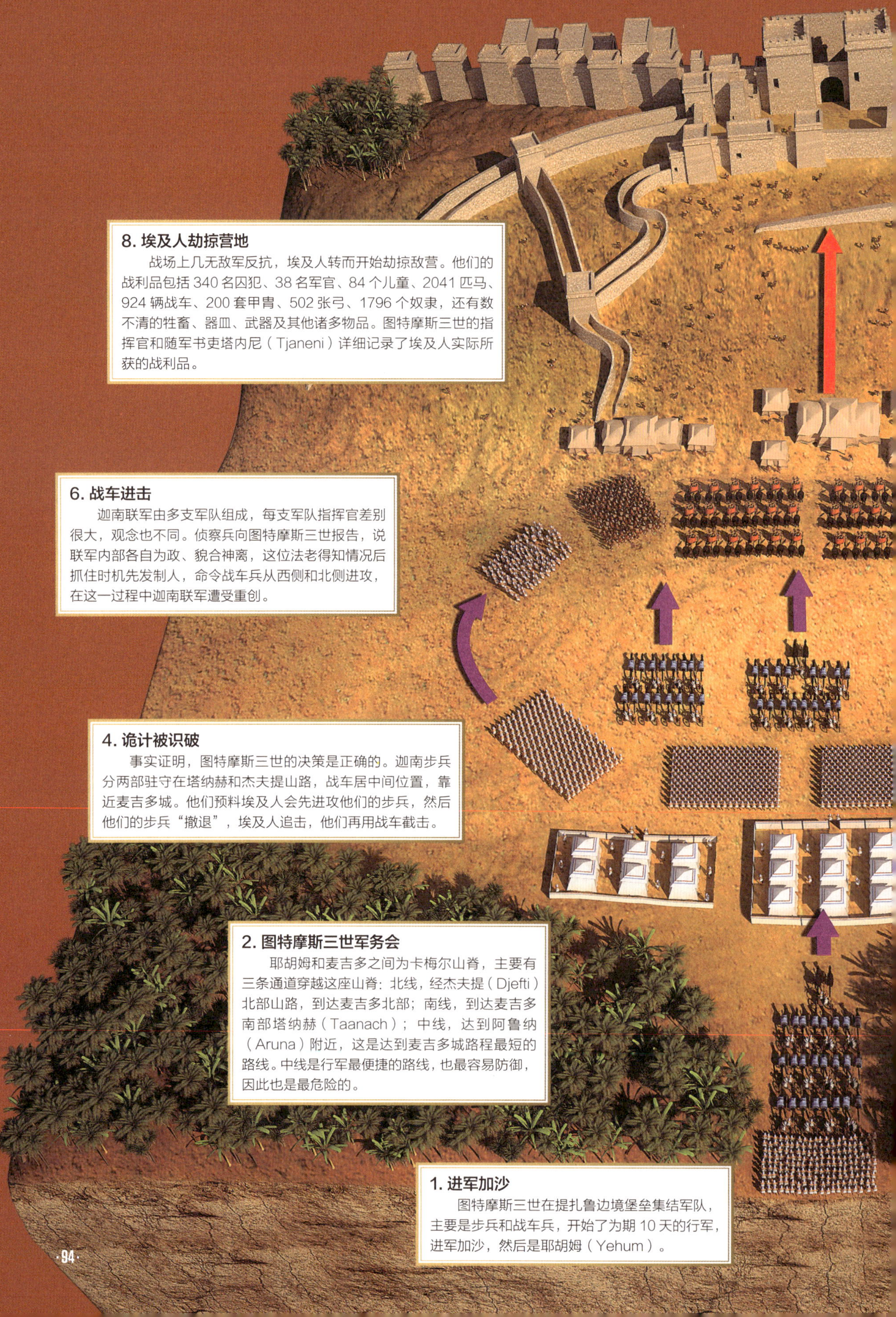

8. 埃及人劫掠营地

战场上几无敌军反抗，埃及人转而开始劫掠敌营。他们的战利品包括340名囚犯、38名军官、84个儿童、2041匹马、924辆战车、200套甲胄、502张弓、1796个奴隶，还有数不清的牲畜、器皿、武器及其他诸多物品。图特摩斯三世的指挥官和随军书吏塔内尼（Tjaneni）详细记录了埃及人实际所获的战利品。

6. 战车进击

迦南联军由多支军队组成，每支军队指挥官差别很大，观念也不同。侦察兵向图特摩斯三世报告，说联军内部各自为政、貌合神离，这位法老得知情况后抓住时机先发制人，命令战车兵从西侧和北侧进攻，在这一过程中迦南联军遭受重创。

4. 诡计被识破

事实证明，图特摩斯三世的决策是正确的。迦南步兵分两部驻守在塔纳赫和杰夫提山路，战车居中间位置，靠近麦吉多城。他们预料埃及人会先进攻他们的步兵，然后他们的步兵“撤退”，埃及人追击，他们再用战车截击。

2. 图特摩斯三世军务会

耶胡姆和麦吉多之间为卡梅尔山脊，主要有三条通道穿越这座山脊：北线，经杰夫提（Djefti）北部山路，到达麦吉多北部；南线，到达麦吉多南部塔纳赫（Taanach）；中线，达到阿鲁纳（Aruna）附近，这是达到麦吉多城路程最短的路线。中线是行军最便捷的路线，也最容易防御，因此也是最危险的。

1. 进军加沙

图特摩斯三世在提扎鲁边境堡垒集结军队，主要是步兵和战车兵，开始了为期10天的行军，进军加沙，然后是耶胡姆（Yehum）。

10. 围攻

最后，麦吉多居民在埃及军队的围攻下坚持了七个月之久，然后投降。图特摩斯三世颁布命令，建造护城河和尖桩栅栏。尽管卡迭什国王本人在围城期间逃走了，但这对图特摩斯三世来说只能算是小挫败。图特摩斯三世已经成功地挫败了敌人对埃及的严重威胁，同时巩固了自己的力量，为未来辉煌的军事胜利奠定了基础。

9. 迦南联军防守麦吉多

埃及人注意力被分散之后，迦南联军抓住机会挽救他们溃散的军队，同时进一步加强城防，以应对即将到来的埃及人的进攻。

7. 迦南联军溃退

埃及军队凭借出色的机动能力和高效的配合，迅速攻破了迦南军队防线，迦南人即刻掉头逃窜，向麦吉多城溃逃，其中就包括麦吉多和卡迭什的国王。退回麦吉多城后他们关上了城门。

5. 先锋驻扎，后军跟进

埃及人计划已定，朝麦吉多进军，军队分为三支。一支驻守麦吉多西北，另一支步兵驻扎希纳（Qinah）南部，图特摩斯三世则率领战车兵驻扎在麦吉多西部的阿鲁纳城。

3. 穿越狭窄山路

图特摩斯三世的将军们获得情报，说迦南联军在中线沿途置了障碍，但是图特摩斯三世并没有接受他们的建议，还是选择走中线中央山路。敌人采取虚虚实实的诡计，妄图干扰迷惑图特摩斯三世，但是他看清了敌人的伎俩，选择了最直接的行军路线。

法老的战士

在法老统治时期，埃及军事力量不断持续发展

大卫 · 史密斯（David Smith）

在漫长的历史中，古埃及人曾经面对许多敌人，包括希克索斯人、赫梯人和海上民族。这些敌人的存在推动了埃及军事技术的发展进步。在古王国时期，埃及军队主要为地方组建的军事力量，其核心是雇佣军。所有的步兵都不穿戴铠甲，主要武器为矛。古王国末期，中央集权崩溃，至中王国时期复又重建。军队中的弓箭手最初都是努比亚人，后来军队开始培养埃及人自己的弓箭手。

埃及周围有沙漠、地中海和红海这样的天然地理屏障，人们最关心的是如何抵御来自沙漠部族和南部努比亚人的威胁。由此出现了“推进政策”，埃及人借此积极向临近地区推进，一直发展到对叙利亚、巴勒斯坦、利比亚、努比亚和库什（埃塞俄比亚）的战争。在埃及不断的战争中，法老的地位臻于极致。

在新王国时期，埃及军事发展达到顶峰，战车和攻城器械变得越来越重要，尽管实际上攻城器械的使用似乎还很受限。

战车兵

战车并非埃及军队的传统武器，埃及人是在远征亚洲时才接触战车和其他新型的军事技术的。在古王国和中王国时期，埃及人并没有充分利用马匹，只是将其用于侦察和传递信息。

希克索斯人入侵埃及后，控制了东部三角洲地区，人们最初认为是希克索斯人的入侵导致战车的大规模使用，但现在这一观点尚有争议。我们清楚的是，埃及人在了解战车后，迅速接受了战车的观念。战车的设计也稳步改进，最初车轮是实心的，后来改为空心轮加四根辐条，然后是六辐条空心轮，这样战车更加坚固，速度更快，它们一直是埃及军队的制胜法宝。

埃及人对战车的使用与其他民族形成了鲜明对比。例如，赫梯人的重型战车由三人操控，包括一个驭者、两个持矛兵。埃及人则驾驭轻型战车，即一个驭者和一个弓箭手，最为高效。成千上万辆这样的战车，可以从安全距离有效阻击敌人。最晚到新王国时期，箭头已改由青铜铸造，而非原来的燧石。

很快，战车就在战场上声名远播，在埃及常见法老在疾驰战车上拉弓射箭的形象。图坦卡蒙墓葬中发现的镀金战车，可以证明战车在古代被推崇备至，是军事实力的象征。

▲ 图坦卡蒙墓葬里发现的镀金战车

▲ 据说在卡迭什（Kadesh）战役中，拉美西斯二世几乎单枪匹马冲入敌阵与赫梯人战斗

▲ 埃及重装步兵列队前进

武器

纵观埃及军事发展的不同时期，重矛一直都是主要的武器。这种矛用于刺杀，而非像投矛一样投掷使用。重矛常和一个较宽的木盾牌配合使用，矛头最初用燧石或者红铜制作，晚期则使用青铜。

重装步兵会列队进攻，他们以木盾组成盾牌墙，然后用矛从盾牌上方刺杀敌人。这种作战方式与高度整齐、训练有素的希腊方阵战术不同，埃及的矛要短得多。埃及典型的盾牌高约 85 厘米，法老和其他贵族常会随葬装饰有精美图案或饰物的盾牌。战车的驭手通常也会握持盾牌。

除矛外，重要的武器就是斧，各种各样的战斧可谓琳琅满目。斧属于近身搏斗武器，铜

▲ 拉美西斯二世挥舞长矛击杀敌人

制斧头固定于木杆之上，砍杀敌人。

弓的制作材料最初使用的是兽角，然后是木质，到新王国时期开始出现复合弓，当然，这种复合弓是从希克索斯人那里引入的。相对传统弓而言，复合弓的射程和杀伤力都有所提升，但所需拉力也变大了，所以此前的传统弓也并没有完全退出舞台。

▲ 埃及第十八王朝重装步兵俑

▶ 新王国时期的浮雕残片，刻画的是配备弓箭的弓箭手

步兵

在新王国时期，埃及军队发展成为一支更具组织性和战斗力的军事力量，这一点在步兵中表现最为明显。到拉美西斯二世统治时期，步兵已经成为重要的精锐军事力量。所有步兵划分为若干个军团，每个军团5000人左右。拉美西斯在进行卡迭什战役时率领了四个军团，这四个军团的名字分别为“阿蒙”“拉”“普塔”和“苏特赫”（Sutekh）。每个军团分为20队，每队250人。每队进一步划分为小队，每小队50人，这些人要听从小队中“50人中的佼佼者”的指挥。

重装步兵不穿戴铠甲，但是携带大盾牌，主要武器是矛，也使用战斧和刀。与重装步兵一同辅助进攻的是弓箭手，新王国时期埃及在本地招募了大量弓箭手，配备了复合弓。弓箭手的任务是，在重装步兵近距离作战时，他们从远处放箭袭扰敌人。弓箭手经常乘战车作战，这样他们能够与敌人保持一定距离来射杀敌人。如果不得不近距离作战，他们会使用配备的小盾牌和匕首。

坚实有力的后勤保障系统为士兵和战马提供食物和水，其中包括大量的辎重车和补给船。

水师

埃及水师最初的活动水域主要局限在尼罗河，不过也承担补给和运输功能。人们认为，埃及水师从属于步兵。他们的船只可能是使用芦苇或者木板制造的，木板船比较适合作战。奴隶坐在底层划桨，步兵和弓箭手在上层或者远距离交战，或者登上敌船近身搏斗。

在拉美西斯三世统治期间，埃及受到“海上民族”的威胁，在与入侵者的海战中，虽然埃及战船较差，但是埃及人似乎凭借优越的战术技巧赢得了胜利。他们借鉴陆上战车的作战技巧，使用轻型船只从远处袭扰敌人，用弓箭和甩石器射燃烧的火箭引燃敌船和击杀敌人。

► 拉美西斯三世统治时期的战船模型

▼ 墓室壁画中描绘的埃及战船，公元前 11 世纪左右

麦德察：成为精锐警察的苏丹定居者

这些士兵出身于训练有素的雇佣军，他们是法老的保护者，是和平的维护者

李・卡文迪什（Lee Cavendish）

公元前 16 世纪到前 11 世纪为埃及的新王国（the New Kingdom）时期，这一时期出现了保卫法老安全、保卫土地免受外族入侵的准军事力量，这支精锐力量被称为麦德察（Medjay）。

这支让人谈之色变的皇家卫队来自东部苏丹的一个族群，他们与努比亚人有一定关系。因为拥有出色的搏斗技巧和勇猛的战斗能力，他们受埃及人雇佣成为雇佣军。事实证明了他们完全胜任雇佣军职责，这一群体从而逐渐演化成我们所知的国家警力。

从公元前 2040 年到前 1750 年的中王国时期，从约公元前 1539 年到前 1292 年的第十八王朝时期，麦德察在维持国家较长时间的和平上厥功至伟。但在从约公元前 1189 年到前 1077 年的第二十王朝统治时期，麦德察很少被提及。

麦德察对埃及的影响与日俱增，随之一切也都发生变化。他们从单纯的努比亚勇士发展成为一支重要的武装力量，影响力不断加强，武器也越来越复杂。他们甚至使用狗和猴这样的动物来配合自己，确保履行职责。

麦德察重点保护的地方也就是法老关注之地，例如大城市、王室墓葬以及国家疆域。麦德察内部有完备的等级制度，官员们在各自职责范围内承担各自的责任。入侵者“希克索斯人”（意为“外邦统治者”）进犯埃及时，麦德察的抵抗发挥了重要的作用。当外敌们入侵时，麦德察迎头痛击了这些进犯者。

麦德察的等级制度

自古以来，警察部队和军队中的等级制度都具有核心稳定作用，诸多证据表明麦德察也不例外。

与现代警察部队一样，麦德察内部有一套指挥体系。其中，等级最低的是士兵，他们负责保护边境地区的常住平民及其财产。士兵之上是负责各区的队长，再之上是总队长，总队长的副手高于各区队长，向总队长报告。

这种等级制度的证据，见于图特摩斯四世（Thutmose IV）法老统治时期，有文献提到“城市西部麦德察队长”一职，其职责是保护底比斯西岸地区，底比斯是位于尼罗河沿岸的古埃及城市。外来移民可以成为麦德察士兵，但是身居高位者通常是埃及人，麦德察的总队长可能也是由法老选定的。

▲ 法老图特摩斯四世有一支麦德察分遣队，负责保护边境地区

受训的动物

跟我们今天会训练警犬抓捕罪犯一样，狗在古埃及的使用也是出于同一目的。麦德察驯养犬，在守护公共安全时帮助自己追捕罪犯。他们喜欢驯养的犬种包括巴辛吉猎犬（Basenji）和伊比莎猎犬（Ibizan），伊比莎猎犬见于法老图坦卡蒙（Tutankhamen）以及一些人的墓葬当中。除犬类外，协助麦德察的还有其他动物，如狒狒和猴子。这些灵长类动物与古埃及有着神秘的紧密联系，埃及人信奉的巴比神［Babi，或者巴布（Babu）］形貌就是狒狒，是冥界生命的象征。狒狒因为与神祇形貌相似，所以被认为是人类死后的化身，也正是出于同一原因，狒狒会被训练成为麦德察的一员执行任务，它们会抱住罪犯的大腿以免他们逃跑。

▲ 狗除了看家护院外，也经常用于狩猎活动

► 埃及人制作了猴雕像，猴也经常为麦德察所用

麦德察的武器

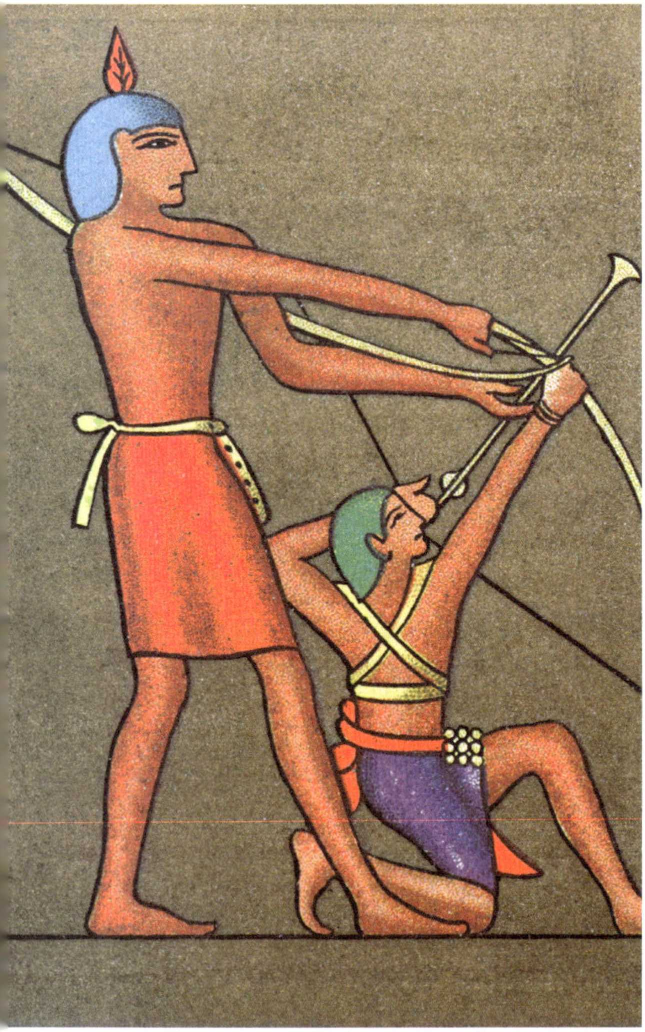

▲ 麦德察因地制宜，改进了埃及弓箭

新王国时期之前，古埃及武器的发展受当时知识和技术的限制，在实战中杀伤力和可靠性较为有限。希克索斯人入侵埃及时，也给埃及带来了先进的武器装备，这些武器后来为麦德察所用。

在阿瓦里斯（Avaris，希克索斯人治下的埃及首都）的一处遗址发掘中，考古学家发现了弓箭这种武器，阿赫摩斯一世（Ahmose I）曾在此地受到攻击。弓箭是希克索斯入侵带来的军事武器。埃及人后来将单体弓发展成复合弓，复合弓用木制成，以牛的筋角加固。复合弓拉力更大，可以将箭射得更远。

还有一个特别有意思的武器是克赫帕什（Khopesh，也称作 Khepesh）。克赫帕什是一种镰刀形的剑，弯度像一个钩子，通体由青铜制成，剑柄部分用兽皮和布料缠裹。常见的克赫帕什镰刀剑长 50—60 厘米，它们深受士兵喜爱，因为这种武器比之前的刀剑更有杀伤力，能够快速击杀敌人，使其丧失反抗能力。

除了增加这些重要的武器装备外，麦德察的武器还包括紫铜制作的战斧和短刃匕首，这些要比希克索斯人入侵前他们普遍使用的锡或者青铜武器更锋利。

他们受雇于埃及人，成为雇佣兵。

铠甲和军服

因为北非天气炎热，士兵作战时身穿重甲并不是一个很好的选择。他们会选择轻便的衣物，尽可能减少对护体铠甲的依赖。在中王国时期，麦德察身穿普通匠人所穿的短麻布裙。麦德察来自努比亚，文献从未记载过努比亚人戴头盔，所以历史学家们认为麦德察士兵头部也未有任何保护。

说到保护措施，古埃及士兵在战斗中会携带盾牌。虽然盾牌的形状和尺寸通常取决于士兵所用的武器，但都包括一个表面蒙有牛皮或其他皮革的木质框架。虽然新王国时期已经使用铜器，但用铜制作会让盾牌变得比较笨重，与皮革盾牌比较而言，也更容易被矛刺穿，因为皮革材质有很好的弹性。

▲ 与右侧三个士兵相比，左边这两个古代努比亚士兵并未穿戴护具，轻装上阵

兴衰浮沉

169

117

144

149

161

135

114

131

阿蒙霍特普三世时期的和平与昌盛

在一个相对和平的时期，图特摩斯四世（Thutmose Ⅳ）之子率领埃及进入一个政治和经济都高度繁荣的时代。他就是阿蒙霍特普三世

多姆·雷赛－林肯

当第十八王朝第九任法老阿蒙霍特普三世登上王座时，他继承的是一个臻于全盛时期的王国。他的祖先阿赫摩斯一世（以及王朝的其他先辈）在150年前发动军事战争并取得胜利，将埃及带入变革的时代。随后的诸位法老励精图治，埃及王国抛弃了孤立、保守的旧有政策，借助贸易和经济实力向外扩张。国家进入一个崭新的黄金时代，深谙政治谋略的阿蒙霍特普三世摒弃战争和流血方式，通过联姻和外交手段保证了王国的繁荣。

古埃及文明臻于巅峰的独特时代是新王国时期，这一时期与之前的第二中间期有着明显的反

差。第二中间期埃及政治混乱、经济低迷、闭关锁国，国家极其脆弱，不堪一击。所以，毫不奇怪，先是遭异族入侵而失去半壁江山，随后又被希克索斯人占领。随着时代的发展，这些迁徙并定居埃及的入侵者们逐渐强大起来，他们建立了新的王朝，抗衡底比斯原有的羸弱王族。百余年来，埃及就身处这两大中心之间，分裂抗衡。直到战争之王阿赫摩斯一世振长策御宇内，重披战袍，将僭越王位的闪米特入侵者驱逐出境，这种分裂的局面才告结束。

于是，埃及人的新时代展露曙光，新王国即将发轫，在随后的另一个 150 年里，后世的国

▲ 在古代埃及，圣甲虫佩饰通常会承载很多信息。这枚圣甲虫是为庆祝阿蒙霍特普三世的一次婚礼专门制作的

王们通过军事斗争与巩固重要商贸路线和协约的方式，来重新塑造这个国家。南部努比亚人和北部希克索斯人的残余势力，在面对法老的愤怒时再次瑟瑟发抖。

阿蒙霍特普三世大约在公元前 1411 年出生，他几乎没有受到特别的看顾。作为图特摩斯四世和穆特维娅（Mutemwiya）的儿子，这位年轻王子的地位并不稳固。他的母亲被认为是图特摩斯四世的“姬妾”，生活在受宠的强大的奈菲尔塔利王后及后来的亚莱特王后（Queen Iaret）的阴影之下。奈菲尔塔利和亚莱特两位王后与国王是否育有拥有合法继承权的子女还不清楚，不过，从底比斯王子公元前 1391 年左右继承王位来看，他们似乎并没有这样的子女。

阿蒙霍特普三世大概在 6~12 岁时成为埃及的法老，登上法老宝座两年后他就结婚了。他的第一个妻子叫泰雅（Tiye），泰雅王后一直是他最宠爱的王后，为他生育了三个儿子，大王子图特摩斯（本来要培养他成为一名祭司，但在他父亲还未登上王位时就先于父亲去世了）、二王子阿蒙霍特普（即阿蒙霍特普四世、埃赫那吞）、三王子塞门卡勒（Smenkhkare，多年后他继承了哥哥的王位）。阿蒙霍特普三世夫妇还生育了四个女儿：埃塞特、西塔蒙（Sitamun）、奈贝塔（Nebetah）、赫努塔奈布（Henuttaneb）。

阿蒙霍特普三世后来又娶了多位妻子，纵观整个古埃及历史，法老这样做是传统习俗。很多婚姻是政治博弈的结果，不过其中有两桩婚姻是

阿蒙霍特普三世热衷于狩猎，记录他猎狮武功的方尖碑遍布全国。

阿蒙神与阿吞神

与阿蒙霍特普三世同样强大的另一个力量在王国中不断膨胀，在他登上王位之前，这个力量就早已存在，它就是阿蒙祭司阶层。古埃及是一个多神崇拜的王国，崇拜多神，就像挪威或者希腊一样。某个神受到国王钟爱而成为主要神祇的现象，也是司空见惯，第十一王朝的底比斯人选择了阿蒙，阿蒙神的主神地位在驱逐希克索斯人之后更加突出。随着阿蒙神地位的提高，阿蒙祭司的地位也逐渐提高。现在，祭司阶层控制了与国王一样多的土地和财富，他们试图左右阿蒙霍特普三世的宫廷政治决策。

于是，国王开始向地位稍逊的阿吞神献祭，想以此牵制干政的阿蒙祭司阶层的影响力。后来继承王位的阿蒙霍特普四世，希望整个埃及都崇拜自己新宠爱的阿吞神。不过，在他统治期间，阿吞神的地位从未达到他想要的高度。阿蒙祭司们的阴影对阿蒙霍特普王子产生了深刻的影响，最终导致埃及历史上最大的“神学大动荡”。

阿蒙霍特普三世后来又娶了多位妻子，纵观整个古埃及历史，法老这样做是传统习俗。

重要时刻

阿蒙霍特普三世成为国王

公元前 1388 年至前 1386 年

这位 6~12 岁的王子在父亲图特摩斯四世死后，在首都底比斯举行的一场仪式中登上王位。这位年轻的法老接手的王国正处于高度繁荣、影响巨大、军力强盛的鼎盛时期。他的祖辈们通过战争和军事征伐将埃及打造成当时世界上最强大的国家之一，此时的埃及正身处前所未有的和平时代。

重要时刻

次子出生

公元前 1380 年

阿蒙霍特普（即后来的阿蒙霍特普四世、埃赫那吞）出生。他的哥哥大王子图特摩斯，在阿蒙神庙做祭司期间死去。父亲阿蒙霍特普三世希望继续维持新王国时代相对和平的状态，但是阿蒙霍特普四世最终却让父亲巩固埃及政治和经济繁荣的努力付之东流。阿蒙霍特普四世耳濡目染阿蒙神庙势力的崛起及其产生的负面影响，（采用新名衔埃赫那吞的）他耗尽国库营建新都，忽视民众传统信仰，迫使整个国家独尊一神。

时间表

公元前1411年

阿蒙霍特普三世出生

阿蒙霍特普三世是图特摩斯四世和他最宠爱的妻子穆特维娅所生之子，他是王族两子中的次子。

公元前1387年

建立石灰石采石场

阿蒙霍特普三世甫登王位的作为之一，是在图拉（Tura）开建众多石灰石采石场，为日后大规模兴建纪念性建筑做准备。

重要时刻

阿蒙霍特普三世去世

公元前 1353 年

在历经 30 多年的和平统治后，阿蒙霍特普三世去世。通过对他木乃伊的研究，可以发现阿蒙霍特普三世很可能饱受严重关节炎和蛀牙的折磨。

这两种疾病可能给他带来了巨大的痛楚，这或许有助于理解有关阿蒙霍特普三世在统治的最后几年容貌形象出现改变的传说。有些历史学家提出，阿蒙霍特普三世曾经与年轻的阿蒙霍特普四世父子联合执政，但是大多数历史学家和大众历史作家都认为，阿蒙霍特普三世是与其妻子联合执政直到去世。

家庭内部成员婚姻。阿蒙霍特普三世在自己统治的最后 10 年里，将两个女儿埃塞特和西塔蒙娶作妻子，把她们提升到“王妃”的地位。按照现代人的标准，这种结合实在太惊世骇俗了，但是对尼罗河流域的王室家族来说，这是一种常见的风俗。通常，会由大臣和祭司们劝谏国王，要他与拥有王室血统的人结婚，尽可能多地生育儿子，从而确保王室血统的纯正。对古埃及人而言，近亲结婚根本不是禁忌。

到阿蒙霍特普三世去世时，埃及的影响已经从幼发拉底河延伸到尼罗河第四瀑布。

阿蒙霍特普三世统治时期没有发生战争或者大型军事行动，这听起来似乎是国家太平无事。虽然他不用时刻紧盯着边境地区，但并不意味着这位新上任的国王就过着安静的生活。在很早的时候，阿蒙霍特普三世就梦想能再造古王国时期黄金时代的极致之美和审美盛世。因此，一个兴盛的统治时代来临了。纪念碑的建造高潮持续了 30 年。阿蒙霍特普三世统治期间，建造了 250 多座雕像、神庙建筑和方尖碑（也经常借助泥板文献宣传君主的文治武功和绝对统治）。

阿蒙霍特普三世下令在（尼罗河西岸底比斯对面的）马卡塔（Malkata）建造一座新的行宫，并在卡纳克的穆特神庙里建造了 600 座

公元前 1386年

阿蒙霍特普三世迎娶王后泰雅

阿蒙霍特普三世一生娶过许多女人（大约九个，其中包括自己的两个女儿），但是没有谁能与泰雅争宠，王后泰雅的影响和地位无可撼动。

公元前 1383年

短暂的努比亚战役

阿蒙霍特普三世在登上王位的第五年，进行了第一次也是唯一的一次军事征伐。这次战役并不是特别重要，更多只是为了象征性地展示埃及的实力。

公元前 1378年

阿蒙霍特普三世迎娶吉鲁克西帕（Gilukhepa）

阿蒙霍特普三世悉心经营与周边国家的同盟关系，为了维护这种外交关系，他决定迎娶米坦尼国王舒塔尔纳二世之女吉鲁克西帕。

公元前 1370年

女儿降生

阿蒙霍特普三世和泰雅女王的女儿西塔蒙降生。西塔蒙与妹妹最终嫁给了自己的父亲。

公元前 1356年

第一次塞德节（First Jubilee Sed Festival）

阿蒙霍特普三世与王后在位统治 30 年后，举行了第一次纪念庆典。这一全国范围内的节庆活动，得名于狼神塞德。

公元前 1350年

门农巨像落成

历经多年精心设计和建造后，阿蒙霍特普三世及其王后泰雅的巨大雕像终于在底比斯大墓地落成。

▲ 阿蒙霍特普三世建造的祭庙已基本成为一片废墟。在残垣断壁中，只有显眼的门农巨像幸存下来。

赛赫麦特（Sekhmet）女神像，这样的数量让人震惊。作为墓葬群建设的一部分，他还在底比斯建造了两座他和泰雅王后的20米高巨型坐像。遗憾的是，阿蒙霍特普三世的很多纪念性建筑并没有经受住岁月的洗礼，只有位于今天卢克索的那对门农巨像（Colossi of Memnon），流露出第十八王朝这位国王装点埃及的恢弘气势。

阿蒙霍特普三世的建筑热忱不仅见于他献给神祇的那些纪念性建筑，在与埃及属国交流沟通的时候，这位法老也将自己的这份热忱表现得淋漓尽致。那些展现埃及统治者阿蒙霍特普三世丰功伟绩、埃及文化和文明中心地位的方尖碑，被送到各地竖立起来。阿蒙霍特普三世与其后的许多国王不同，他实际上应该是一位精明的政治家，对形象宣传和传世建筑的重要意义了如指掌。遍布各地的方尖碑就是他伟大时代的最好代言，国王确保这些宣传都是基于事实而非过分炫耀；王国境内的道路铺设一新，尽其所需修缮或新建神庙及其他建筑。阿蒙霍特普三世希望整个王国能显示出一种恢弘的气象，能反映和展现他励精图治打造的大国财富和地位。

这一时期的一些活动表现出阿蒙霍特普三世与泰雅王后之间是平等的关系。国王热衷于修造纪念性建筑，常常把精力放在建造工程上，就把许多政务托付给了自己的王后。国王未完全统揽政务，并没有让整个国家管理废弛，反而给了王后机会，她可以一展自己处理宫廷和国家事务的风采。王后是一位受欢迎的国家首脑，在二人的画像中，经常能看到她与国王等高，国王与王后这对王室夫妇之间的平等关系让人意外。

阿蒙霍特普三世在其统治期间也非常重视外交关系。第十八王朝的这位君主摒弃战争手段，利用政治合约保持埃及相对稳定的局面。阿蒙霍特普三世与其他很多国家建立了外交关系，最著名的是与米坦尼王国的国王舒塔尔纳二世（Shuttarna II）及其子图施拉塔（Tushratta）建立了外交关系。他们之间的外交关系非常亲密，阿蒙霍特普三世甚至迎娶了舒塔尔纳二世的两位公主。当然，应该注意的是，法老经常会娶很多个妻子，他会宠爱其中的一两位，将她们提升到王室正妻的地位。

在外交方面，阿蒙霍特普三世绝非软弱可欺、一味退让的统治者。许多地方统治者和君主都跟他有过书信往来，交换过礼物，希望能迎娶他的一个女儿。在他统治的最后几年，巴比伦国王卡塔什曼·恩利尔（Kadashman-Enlil）就曾经提出这样的请求，但被他直接回绝了，他回复说：“从难以追忆的远古时代起，还没有哪位埃及君主会把女儿嫁到外国去。”这样的书信往来以及其他很多交流，都记录在名为《阿玛尔纳书信》（*Amarna Letters*）的一系列泥板文献中，阿玛尔纳书信内容对了解上升时期的埃及地缘政治景观，具有极其重要的价值。

阿蒙霍特普三世大约死于公元前1353年，死因很可能是多种疾病，包括关节炎、严重的牙齿疾病，或许还有肥胖。他被安葬在国王谷的西部山谷当中。当阿蒙霍特普三世把王位传给他的儿子阿蒙霍特普四世时，他留下的是一个实力和影响都臻于巅峰的王国。然而，在这个国家当中，阿蒙祭司阶层的势力也十分突出，在接下来的宗教改革运动中，王权将被彻底动摇。

泰雅王后：联合执政

在阿蒙霍特普三世一生所娶的女人当中，论影响力无人能与第一任妻子泰雅相媲美。他们大约在公元前1390年至前1388年间结婚，阿蒙霍特普三世授予新王后王室正妻（Grand Royal Wife）的头衔。这一头衔实际上保证了泰雅王后在王族事务中的权力，她在阿蒙霍特普三世所有的妻子中拥有最高权力。基于同样原因，这一头衔也使她成为宫中最有权势的女性。经常有人指出，这一显赫地位也属于阿蒙霍特普三世的母亲，但是这位母亲在作为王后期间，从未宣称拥有该头衔，她心甘情愿居于新王后泰雅之下。

在古埃及，王室血统通过女性来传承，所以泰雅王后在宫廷中拥有比较尊崇的地位。阿蒙霍特普三世年轻有为，生性勇敢，热爱运动和狩猎，但是相关事务他也常常寻求这位王室正妻的意见。泰雅王后是他最信任的顾问和知己，因此她得以大权在握。她的地位无可撼动，外国统治者常常乐于通过她进行协商。她是埃及历史上第一位名字正式见诸国家新法令的王后。

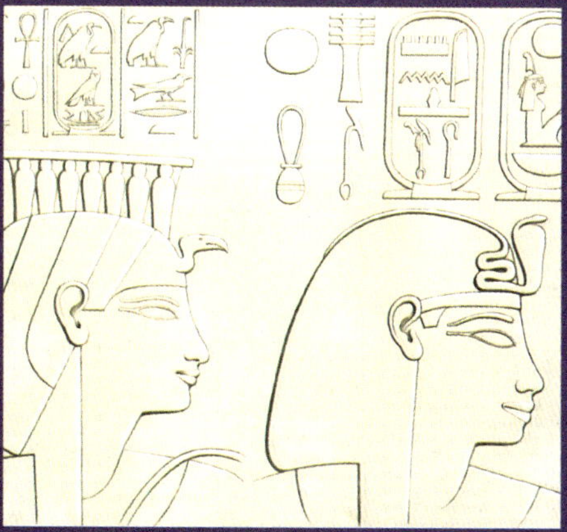

▲ 母亲穆特维娅身旁的阿蒙霍特普三世

涅菲尔缇缇：美丽的背后

她石灰石胸像的容貌特征和完美比例备受推崇。
但是，这一杰作背后的女人是谁呢？

爱丽丝·弗朗西斯

1912年12月6日，埃及的一个工人正在尼罗河沿岸进行发掘，他发现了埃及学历史上最珍贵的宝藏。这个工人是古代雕塑工作室庞大发掘队伍中的一员。此次考古发掘的领队是德国考古学家路德维希·博查特（Ludwig Borchardt）。当他感到鹤嘴锄触碰坚硬石头发出的震颤时，便刷去浮土，里面露出了古代漆画独有的色彩，他立即向上级报告。博查特回忆道："我把工具放到一边，开始徒手挖掘。"倒置埋于土下的石灰石胸像的纤细脖颈显露出来，再向下挖，露出两片丰满的红唇，一个醒目的高挺的鼻子，杏仁眼，弧形的黑色眼眉。最后露出来的是一个巨大的圆柱形王冠。在古埃及现存为数不多的象形文字资料中，这种王冠曾用来描述一个古埃及人：王后涅菲尔缇缇。

涅菲尔缇缇出身的真实情况难以确定，她很可能并非出身王族。

涅菲尔缇缇及其丈夫从埃及历史的记录中被抹去。

埃及的女法老们

古埃及的统治者大多都是男性，但是也有几位女性成为帝国最有权势的人物。

▼ 阿玛尔纳时代浮雕上的涅菲尔缇缇女王形象

索贝克奈弗鲁

索贝克奈弗鲁（Sobkneferu）是第一位统治埃及的女王，她的哥哥死后没有留下王位继承人，于是索贝克奈弗鲁登上王位。有关她的资料留存下来的很少，有人认为她就是从芦苇中拯救摩西的那位埃及公主。

尼托克丽丝

希腊历史学家希罗多德认为，尼托克丽丝（Nitocris）是第六王朝的最后一位法老。一般认为是她谋害了自己的几个哥哥，她邀请哥哥们到地下厅室举行宴会，之后将尼罗河水引入地下室淹死了他们。

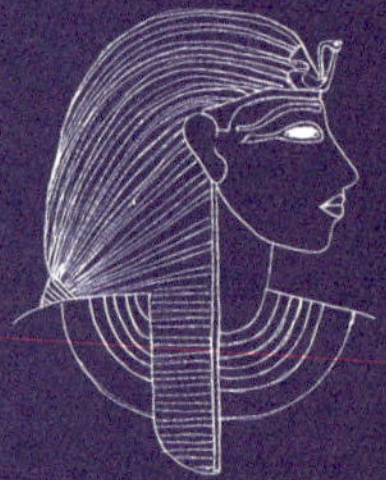

哈特谢普苏特

哈特谢普斯特被认为是埃及最成功的法老之一，她开辟了几条重要的贸易路线，促进了国家财富的巨额增长，修建了数以百计的建筑。

托斯莱特

托斯莱特（Twosret）在与其联合执政的年轻继子死后登上王位。她在一个混乱时期实行统治，很可能在一场内战中被推翻。

克莱奥帕特拉

克莱奥帕特拉或许是埃及历史上最著名的女法老，因为与几位重要的罗马政治家的关系而声名大噪，一般认为她在闻知马克·安东尼死讯后自杀。

这具胸像自重见天日后，成为埃及古王国参观人数最多、最具展示性的艺术品，并一直萦绕着神秘的气息。涅菲尔缇缇和她的丈夫埃赫那吞法老（阿蒙霍特普四世）的继任统治者，将他们两人从埃及的历史记录中抹去，把他们的面孔从浮雕上凿去，名字从铭文中划掉。二人做了什么事，竟然激起埃及人如此的仇恨？涅菲尔缇缇为什么突然消失？直到现在，在他们死后三千多年答案才开始揭晓。涅菲尔缇缇的出身难以确定，很可能并非出身王族，或许是一位宫廷维齐尔的女儿，也或许是一位米坦尼王国的公主，被送往埃及联姻。不过，可以确定的是，她的美丽穿越时空，涅菲尔缇缇的意思就是“绝美之人已然到来”，她应该是埃及王子阿蒙霍特普的理想伴侣。

埃及多神教信仰已延续千年，现在他们宣布埃及只有一位真神阿吞，法老则是连通阿吞神和世俗的唯一中介。

▼ 涅菲尔缇缇很可能领导了宗教崇拜，这表明她拥有巨大的权力

▲ 如图所见，阿玛尔纳废墟周围是几乎寸草不生的峭壁

▶ 这尊雕塑刻画的是涅菲尔缇缇和埃赫那吞

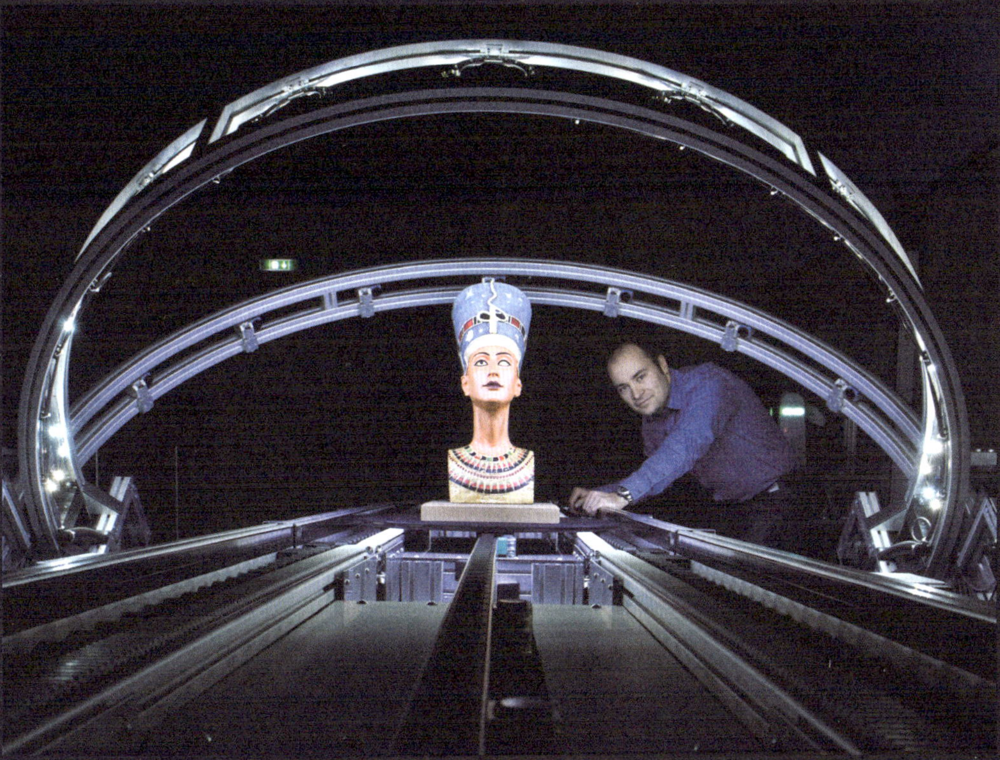

涅菲尔缇缇：第一位整形粉饰的女性？

通过对涅菲尔缇缇著名的胸像进行 CT 扫描，我们发现她或许并不像我们最初想象的那么美丽。科学家分析后发现，在塑像外层之下的灰泥层，最初的模型颧骨并不突出，鼻梁中间有一点凸起，在嘴部和面颊周围甚至有一些皱纹。就像现代的美容整形一样，女王的雕塑需要做一些改变，以迎合那个时代的审美标准。

这对夫妇 15 岁左右结婚，之后不久诞下第一个孩子，阿蒙霍特普在公元前 1351 年左右登上王位。对他们早期的统治情况，目前我们仅知概略，不过考古学家根据证据推断，第十八王朝统治期间阿蒙神崇拜极为盛行，一直到阿蒙霍特普四世加冕时为止，主持宗教仪式的祭司权力之大，几乎能与法老平起平坐。

但是，在阿蒙霍特普四世统治的第五年，发生了一起重大事件。阿蒙霍特普把自己的名字改为埃赫那吞，关闭了阿蒙神庙，将祭司们驱逐出神殿。埃及的多神教延续了几千年，现在埃赫那吞和涅菲尔缇缇宣布，埃及只有一位真神：太阳圆盘形态的阿吞神。法老则是连通阿吞神和世俗的唯一中介。接着，埃赫那吞着手将首都从底比斯迁走，开始在沙漠中营建新的城市，他称其为阿玛尔纳。阿玛尔纳将成为古代埃及帝国新的中心。这座城市三面围绕着几乎寸草不生的峭壁，这是抵御敌人的天然屏障，年轻的法老知道自己的所作所为并不受欢迎，整个王国民怨沸腾，暗流涌动。

埃赫那吞的宗教革命也带来了文化上的革命。先前埃及的艺术僵化而拘谨，现在变得更具自然主义风格。对埃赫那吞的刻画增加了女性化的特征，如浑圆的臀部和突出的胸部。王室家族场景也刻画得更加亲密，夫妇相互亲吻，孩子跃越膝上。可能阿玛尔纳艺术最与众不同的就是对涅菲尔缇缇王后的塑造方式。浮雕和雕像都展现了涅菲尔缇缇王后驾驭战车、横扫强敌甚至引领宗教崇拜的形象，这些角色以往都是由法老来担任的。在他们统治的前五年，涅菲尔缇缇出现在浮雕上的次数几乎比她的丈夫多一倍，雕刻的尺寸通常与法老同等大小，这表明涅菲尔缇缇比法老其他的妻子权力更大。

但是不久之后，这一文化发达的和平时期就戛然而止。埃赫那吞为了营建新的城市，几乎耗尽了所有的资源，国家陷于崩溃的边缘。法老拒绝了将军们提出的加强北部军事防御的建议，造成埃及帝国曾经控制的大部地区落入不断扩张的赫梯王国之手。经济领域危机凸显，潜隐已久的严重的宗教危机也即将爆发。法老信奉的新宗教毁掉了所有埃及人长久以来秉承的古老传统，人们几乎都没有准备好放弃自己信任的钟爱的神祇。整个国家叛乱迭起，那些满怀仇恨的祭司和军事将领发动叛乱，竭力夺回之前被剥夺的权利。当公元前1334年左右埃赫那吞去世的时候，埃及王国已经分崩离析。

发生叛乱似乎并不让人意外，不过埃及人从未想过会如此，涅菲尔缇缇在她丈夫统治第十二年时消失了。从公元前1339年起，神庙和王宫墙壁的装饰就再也没有出现涅菲尔缇缇的形象，有关她的所有记录和刻画消失无踪。在法老钟爱的这位王后的身上，究竟发生了什么？有些历史学家认为涅菲尔缇缇失宠了，很可能是因为她无法为埃赫那吞生育子嗣，而法老特别盼望能有一个儿子。也有人认为涅菲尔缇缇死于当时席卷全国的流行性感冒，也可能死于埃赫那吞其他心怀忌妒的侍妾手中。

但是，一件被称作科雷根西方尖碑（Co-regency Stela）的艺术品表明，涅菲尔缇缇并没有消失，而是成为另外一个人。该作品刻画的是涅菲尔缇缇、埃赫那吞与他们的一个女儿。涅菲尔缇缇的名字已经被凿掉，取而代之的是一个不同的名字——埃赫凯普茹勒·奈菲尔奈菲尔阿吞（Ankhkheperure Neferneferuaten）。这个名字是与埃赫那吞联合执政者的名字，埃赫凯普茹勒大约是在涅菲尔缇缇的名字从历史上消失的同一时间登上王位的。有没有一种可能，即涅菲尔缇缇使用了新名字，与她的丈夫联合执政？如果是这样，这是否解释了涅菲尔缇缇在埃赫那吞死后成为神秘法老的身份谜团？

▲ 石灰石浮雕刻画了涅菲尔缇缇向太阳神阿吞神献祭的情形

或许有些问题永远无法找到答案，正如在埃赫那吞死后的这些年中，有关他统治的所有证据都被那些深受改革其

▲ 王室家族的形象，表现得比以往任何时代都要亲密温馨

害的人毁掉了。人们认为埃赫那吞是一个异端，将他的名字从神庙的墙壁上抹掉，将美丽的涅菲尔缇缇雕像凿毁。但是，埃赫那吞的遗产，在他儿子的身上延续下来。这个孩子母亲的身份尚不明晰，他的名字叫图坦卡吞（Tutankhaten），意思是“阿吞活着的形象”，他在 9 岁左右的时候继承了王位。尽管年纪很小，但是在登上王位之后，他立即着手将父亲统治时期所做的一切改变恢复为原状。

阿玛尔纳被废弃，成为一片废墟，古老的众神又起死复生，阿蒙神庙的祭司恢复职位。但是，旧宗教还是留下了一样东西，不能用锤或者凿这样的工具毁掉，那就是这个男孩儿的名字。正如他的父亲一样，图坦卡吞给自己改了一个新名字，这个名字尊崇阿蒙神以及埃及人民所热爱的其他诸神的荣耀。这个名字，在几千年之后，出现在历史著作和报摊杂志当中，全球每一个角落的人都知道它，这个名字就是图坦卡蒙。

▲ KV35 号墓葬的墓室内部

寻找涅菲尔缇缇

1898 年发现的 KV35 号墓葬的女性木乃伊，是否属于这位著名的埃及王后？

自从发现涅菲尔缇缇的胸像后，考古学家就开始在埃及沙漠探寻她的安息之地。虽然还未正式确认，但是有一位埃及学家相信，她在埃赫那吞的曾祖父阿蒙霍特普二世的坟墓中找到了涅菲尔缇缇的木乃伊。

1898 年发现的这具木乃伊名为“年轻女士”，被发现葬在泰雅女王也就是埃赫那吞母亲的旁边， 同发现的还有一个年轻的男孩儿，很可能是埃赫那吞的弟弟。发现者维克多·罗莱特（Victor Loret）最初认为这具木乃伊是男性，但是解剖学家格拉夫顿·艾略特·史密斯·泰斯特博士（Dr Grafton Elliot Smith Tests）经过

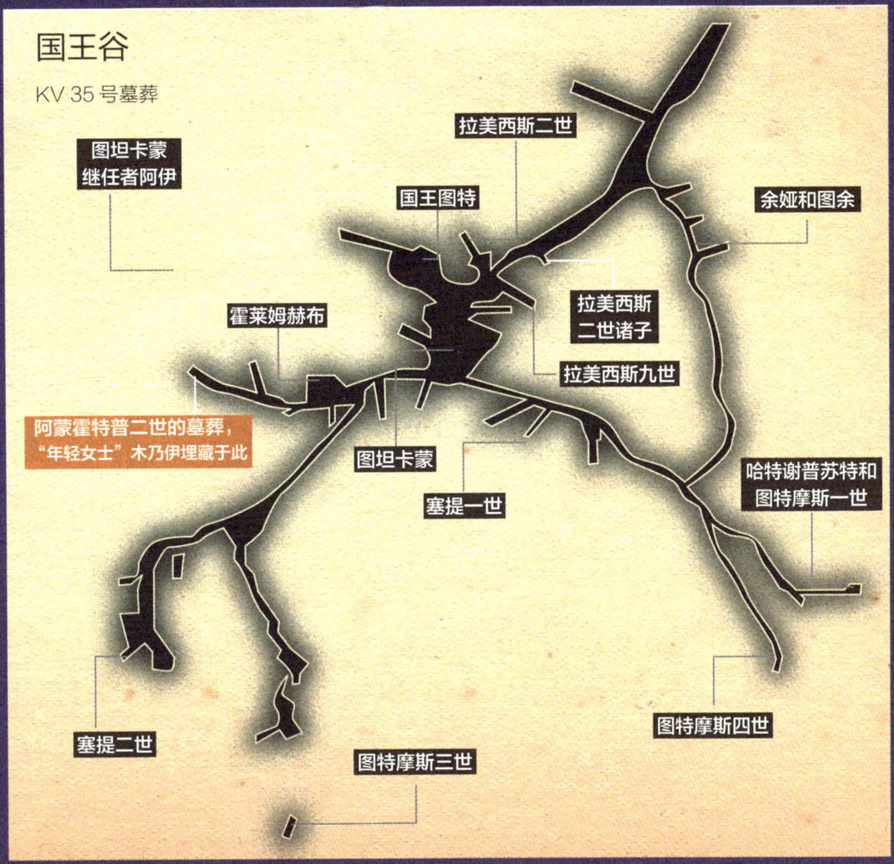

仔细观察得出结论，这是一具女性木乃伊。当时存放这具木乃伊的墓室被封缄了起来，人们早已经将其遗忘。直到 1993 年，埃及学家乔安 · 弗莱彻（Joann Fletcher）偶然间发现了一个说服力不太强的证据。

乔安当时正在撰写有关古埃及人头发的博士论文，她在开罗博物馆恰巧见到一个努比亚风格的假发，这种风格备受埃赫那吞宫廷女性的青睐，尤其受到涅菲尔缇缇的喜爱。这个假发就是在 KV35 号墓葬即第十八王朝法老阿蒙霍特普二世的安息之地中发现的。乔安对假发主人的身份很感兴趣，于是请求打开尘封的墓室。

她在墓室中的发现，至少可以说让人好奇。墓室中的这具木乃伊的头发已经剃光，脖子显得很长，对于多年来致力于阿玛尔纳时期研究的埃及学家来说，这种情况非常熟悉。经过进一步研究得出结论，这具木乃伊实际上是一位女性，死亡时大约 20 多岁或者 30 多岁，如果像证据说

的那样，她比自己丈夫活得更久的话，那么这具木乃伊应该就是涅菲尔缇缇。

不过，可能“年轻女士”木乃伊最激起人们兴趣的是，该木乃伊在埋葬后不久就遭到损毁。木乃伊面部下颌部位被野蛮破坏，这是一种比死亡还要严厉的惩罚。毁坏木乃伊的嘴巴，亡者的灵魂就不能在来世之门说出自己的名字，这样亡者将遭受永世的诅咒。这具木乃伊的右臂已经折断，呈伸展状态的残臂置于旁侧。进一步仔细观察会发现，这只断臂完全属于另一个人，因为木乃伊的制作方式截然不同，尺寸也不符合“年轻女士”。让人震惊的是，这具木乃伊的另一只手臂竟然藏在泰雅女王的木乃伊裹尸布中。与伸展状态的残臂不同，这只手臂肘部弯曲，手部紧握，表明曾经握有权杖，这是法老的标志。这只手臂非常符合“年轻女士”的特征。不管是谁折断了她的手臂，很明显是想要毁掉这个女人曾经握有权力的证据。这样就能够理解，很可能涅菲尔缇缇生前的异端行为，导致有人侮辱和亵渎她的尸体。

“年轻女士”就是涅菲尔缇缇的观点，一直饱受争议。这个问题可能永远也无法得到明确的答案。

◀ 这幅壁画描绘的是埃赫那吞、涅菲尔缇缇以及他们的孩子

解开谜团的线索

"年轻女士"木乃伊的相关物证全都指向同一个结论……

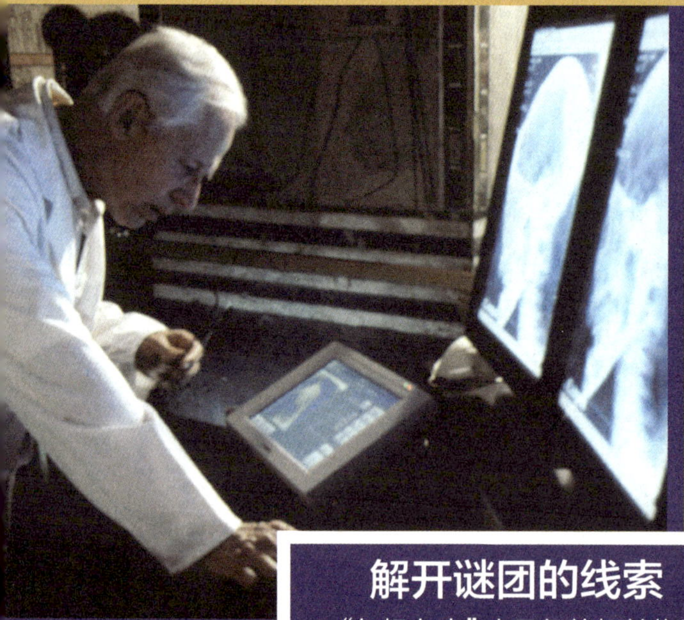

手臂

木乃伊右臂折断，不过折断的前臂已在墓中发现，其肘部弯曲，手中握着的权杖早已不见踪影，权杖是埃及法老的标志。

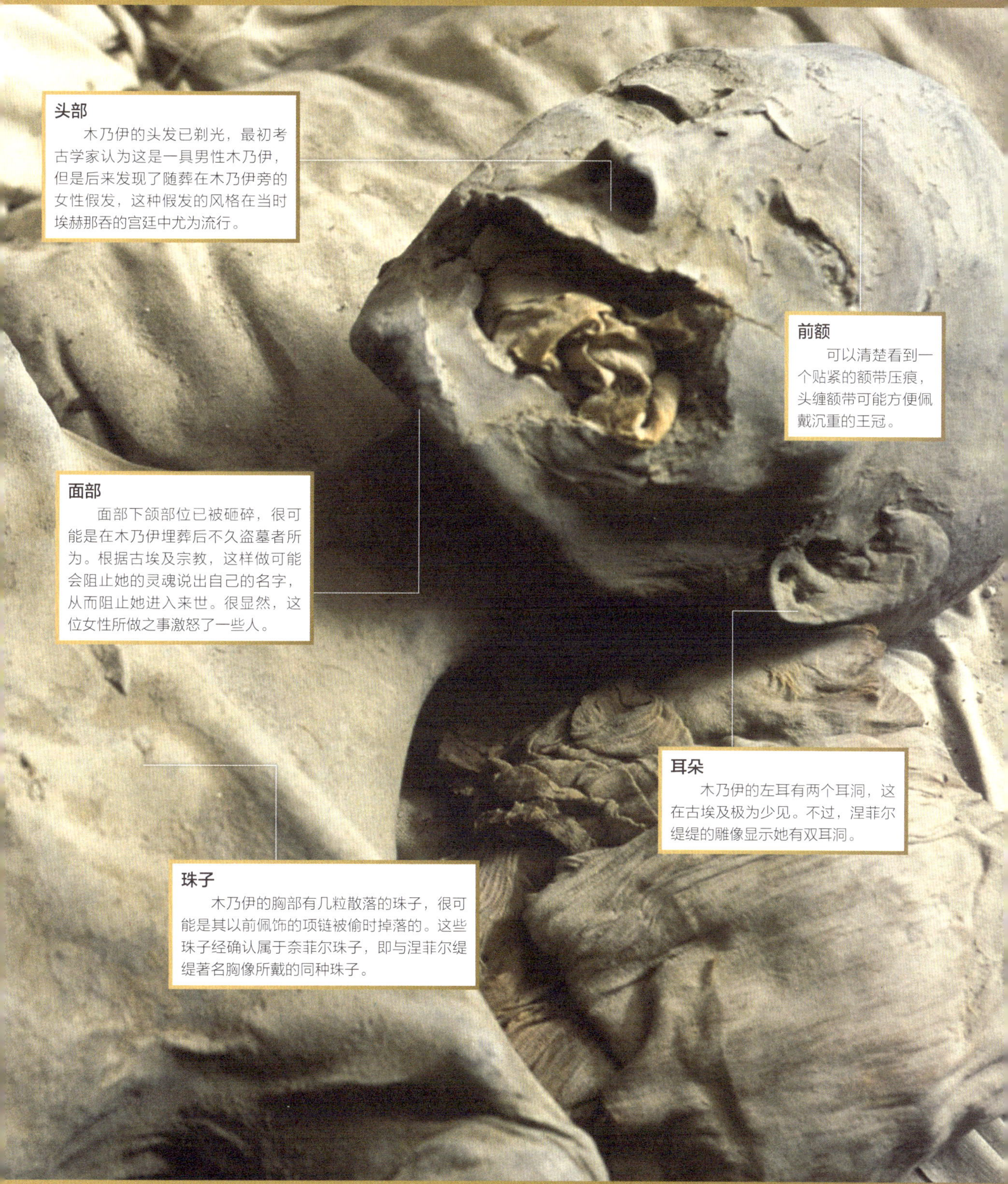
头部
木乃伊的头发已剃光，最初考古学家认为这是一具男性木乃伊，但是后来发现了随葬在木乃伊旁的女性假发，这种假发的风格在当时埃赫那吞的宫廷中尤为流行。
前额
可以清楚看到一个贴紧的额带压痕，头缠额带可能方便佩戴沉重的王冠。
面部
面部下颌部位已被砸碎，很可能是在木乃伊埋葬后不久盗墓者所为。根据古埃及宗教，这样做可能会阻止她的灵魂说出自己的名字，从而阻止她进入来世。很显然，这位女性所做之事激怒了一些人。
耳朵
木乃伊的左耳有两个耳洞，这在古埃及极为少见。不过，涅菲尔缇缇的雕像显示她有双耳洞。
珠子
木乃伊的胸部有几粒散落的珠子，很可能是其以前佩饰的项链被偷时掉落的。这些珠子经确认属于奈菲尔珠子，即与涅菲尔缇缇著名胸像所戴的同种珠子。

走近尼罗河：埃及人的母亲河

游览尼罗河标志性的水路，探寻世界最强大古代文明之一的命脉

戴夫 · 鲁斯（Dave Roos）

船帆

这些方形的船帆由纸莎草纤维制成，系于船桥桅杆之上。

河畔生活

泛滥的洪水虽然会影响两岸居民的生活，但尼罗河对埃及经济有着至关重要的作用。

动力

在独木舟中，乘客或坐着用桨划船，或站着以长杆撑水前进。

商船

商船载着士兵和书吏，从一个码头到另一个码头。这些商船有的长达 40 多米，船体呈弧线型，配有船帆。

独木舟

由芦苇或者纸莎草制成的不同类型的独木舟，充当了商人与消费者之间交流的媒介。

运输支柱

数个世纪以来，埃及文明在尼罗河下游沿岸 1300 千米的土地上逐渐生根发芽。在沿岸地区，农业占据主导地位。尼罗河也是埃及人主要的交流媒介。普通日常工作由小独木舟即可胜任，但是贸易或者乘客运输就要使用大型帆船。

尼罗河长达 7507 千米，给贫瘠的沙漠之地带来了生机。富饶的尼罗河谷庇佑了埃及，帮助埃及应对极端的自然条件。尼罗河盛产丰富的鱼类和禽类，季节性的泛滥将富含矿物质的淤泥自高地冲刷而下，滋润了埃及的土地，带来了前所未有的丰饶农业。

这条赋予埃及生命的河流，在拉美西斯时代被称为哈皮（Hapi）河，作为神灵被正式崇拜。尼罗河水网是整个埃及进行谷物、黄金和武器运输的主要通道。拉美西斯二世甚至将他的祭庙拉美西姆（Ramesseum）建在底比斯的上尼罗河沿岸。以外，尼罗河沿岸还可供仓储驳船停泊之用，它可以容纳 350 艘装满谷物的船只长期停靠，出现饥馑之年就可以启运这种移动粮仓。

法老依靠天文祭司了解星辰的运行，从而计算尼罗河季节性泛滥的时间，这对埃及农业至关重要。拉美西斯在尼罗河上游使用水位标记石记录河水的水位，然后传信给三角洲地区各城市，通知他们河水开始上涨的时间。河水上涨之时，就是举国欢庆的时候，人们赞颂神灵，吟唱赞美诗。

航运中心

尼罗河是连接埃及各个城市的交通纽带，从下努比亚第二瀑布一直到地中海。熙熙攘攘的船只穿流而过，将船客和货物从帝国的一边运到另一边。

强大的法老
拉美西斯二世

在传说和诗歌如《奥兹曼迪亚斯》[1]中，永恒不朽的万王之王拉美西斯二世，毫无疑问是埃及帝国最伟大和最强有力的法老

戴夫·鲁斯

时间定格在公元前 1274 年，在埃及的行军队伍中有一位神屹立其间，他就是拉美西斯二世。拉美西斯二世身高 6 英尺[2]，脸庞下颚棱角分明，有着厚厚的嘴唇和尖挺的鼻子，他驾着黄金战车，率领两万名弓箭手、战车手和脚纳凉鞋的步兵前行。拉美西斯二世刚刚做了 5 年法老，就已经把自己打造成一个骁勇善战的勇士和具有战略头脑的统帅。他是新生的第十九王朝法老的继承人，血统纯正，奉伊西斯（Isis）女神为自己的母亲。在拉美西斯二世士兵的心目中，乃至所有埃及人的心目中，他是一位有血有肉的神明，拥有神奇的力量和无畏的精神，永远正确无误，他的神圣使命就是引领埃及重新成为中东地区独占鳌头的超级大国。

拉美西斯二世行军的目的地是卡迭什，这是一座位于奥龙特斯河谷（Orontes River valley）有重兵把守的叙利亚城市。卡迭什是

1　莱西·比西·雪莱创作的十四行诗，奥兹曼迪亚斯（Ozymandias）为拉美西斯二世的希腊语名字。——译者注

2　6 英尺约等于 183 厘米。——译者注

剖析伟大的法老

重要的贸易和商业中心，是阿姆鲁王国（Amurru Kingdom）实际意义上的首都，位于埃及和赫梯帝国边境地区，两大帝国都对其垂涎三尺。拉美西斯年少时曾经与他的父亲塞提一世策马于此，当时这位埃及的老国王在历经半个多世纪的不断失败和不懈努力后，最终将卡迭什从赫梯人手中争夺过来，但是当塞提一世刚刚率军凯旋埃及，卡迭什阳奉阴违的统治者就又重新向赫梯宣誓效忠。拉美西斯二世重返叙利亚，他要挽救两个日渐暗淡的声誉：他父亲的声誉、伟大埃及帝国的声誉，他要让它们重新熠熠生辉。

拉美西斯二世率领军队已行军月余。他们 4 月从法老王室官邸出发，沿着富饶的尼罗河三角洲东部边境穿越西奈半岛，又沿着地中海曲折的海岸线向北穿越迦南，路过战略高地前哨麦吉多，进入富饶的黎巴嫩山谷，最终到达卡

经过 30 年的统治，拉美西斯二世进入在位时间最长国王之列。此后，他的统治又持续了 36 年。

▲ 拉美西斯二世在位期间，修建的建筑数量超过以往任何法老

迭什城外的森林地带。拉美西斯二世的侦察兵呈扇状散开，去刺探敌人的战备情况。当地人欺骗埃及人，提供了一张虚假的地图。赫梯国王穆瓦塔里（Muwatalli）忌惮拉美西斯二世及其骁勇的战车兵，所以藏匿锋芒将军队驻扎在百英里[1]之外。

长久以来，拉美西斯二世一直像神一样生活着，或许他真的有些相信自己具有神威。当他幼年之时，他的祖父创建了埃及历史上革命性的新王朝，这是一个立足军事实力和绝对王权的王朝。拉美西斯二世的祖父是帕拉美苏（Paramessu），他在埃及军队从普通步兵一直晋升到将军，颇受一生戎马倥偬的霍莱姆赫布（Horemheb）的青睐。十几岁的国王图坦卡蒙过早去世，霍莱姆赫布成为法老，但是他没有子嗣，他在帕拉美苏身上看到了忠诚，他相信帕拉美苏能率领强大的埃及王国，彻底平定努比亚、利比亚和叙利亚的叛乱，能继续施行他制订的雄心勃勃的征服计划。霍莱姆赫布死后，帕拉美苏登上王位，将自己的名字改成“阿蒙钟爱的拉美苏（Ramessu）”，即历史上所说的拉美西斯一世。

拉美西斯二世从出生起，就做好了当法老的准备。他的祖父拉美西斯一世在位 18 个月，之后父亲塞提一世继承了法老王位。拉美西斯二世在奢华的王宫中长大，由保姆和侍女悉心照料，有专门教师教授写作、诗歌和艺术，还有重要的军事作战技能。塞提一世任命拉美西斯二世为军队统帅，当时这位小王子只有 10 岁大。拉美西斯二世 14 岁的时候随父参战，他不止一次目睹

1 1 英里约等于 1.609 千米。——编注

埃及战车在战场上席卷一切的力量。

现在，拉美西斯二世已不再是置身事外观战的男孩儿，他是一个成人，一位神，他要引领埃及的军队击败顽敌。他在距离卡迭什一小时行程的时候，听到敌人惊惧于自己神一般的力量而吓得魂飞魄散时备受鼓舞。拉美西斯二世命令军队扎营。法老的营帐搭建了起来，战马在奥龙特斯河旁的一条溪边饮水，士兵们用战车随意地围成营垒，他们认为敌军不可能来偷袭。事实上，赫梯军队整装待发，偷袭行动已经箭在弦上。埃及侦察兵们围捕的当地人，是赫梯人安插的所谓“死间”。穆瓦塔里国王和他的战车兵、弓箭手、步兵大军就驻扎在卡迭什的另一侧，他们隐藏于河谷当中。对拉美西斯二世来说，幸运的是第二波埃及侦察兵抓住了几个赫梯间谍，严刑逼问之下这些间谍道出真相，原来穆瓦塔里计划打一场伏击战，目标不是拉美西斯二世的营帐，而是正在行进中的毫无防备的埃及步兵军团。拉美西斯二世派最快的信使去提醒就近的军队，但还是迟了一步，成千上万的赫梯战车兵，袭击了毫无防备的埃及步兵军团。每辆赫梯战车配备三个人：一个驭手、一个弓箭手、一个长矛兵，他们可以近距离斫杀步兵。赫梯士兵穿着长及脚踝的锁子甲，埃及步兵却毫无防护，对赫梯弯刀的曲刃刀锋毫无招架之力。重型战车冲乱了埃及步兵的队形，埃及士兵尸横遍野，幸存者溃散逃往拉美西斯二世的营帐。

重型战车冲乱了埃及步兵的队形，埃及士兵尸横遍野。

接下来发生的，可能是在拉美西斯二世一生漫长统治中最能突显其伟大的事件。赫梯军队追逐屠戮四散溃逃的埃及士兵，逼近拉美西斯二世的营帐，他们轻而易举地击溃埃及军队脆弱的防卫，朝着法老的营帐进攻。根据原始资料《潘道尔之歌》（*the Poem of Pentaur*）的记载，这时拉美西斯二世走出他的营帐，独自一人面对敌人的士兵，“接下来，陛下的荣光就像他的父亲蒙特（Mont）一样，他一袭戎装，手持武器，披甲戴胄，此时此刻，他犹如巴力神（Ba’al）”。

▼ 拉美西斯二世最宠爱的妻子奈菲尔塔利驾驭王室战车

这一刻见证了拉美西斯大帝的诞生，这位埃及法老驾着战车冲向赫梯军阵，左冲右突砍杀敌人，重整军队投入战斗。拉美西斯二世站在黄金战车上，愤怒地拉开弓弦，战车飞驰碾过敌人的尸体。拉美西斯二世的这一形象雕刻于神庙墙壁之上，在埃及帝国三千年的漫长历史中，没有哪个故事能像这个故事一样被频繁地展现。卡纳克神庙、卢克索神庙和阿布辛贝勒神庙以及其他诸多神庙的墙壁上都展现了《潘道尔之歌》的内容，如果你相信诗歌的内容，就会看到赫梯国王穆瓦塔里被拉美西斯二世超人的力量慑服，卑微乞降。

但是，真实的卡迭什之战的经过是这样的吗？历史学家相信《潘道尔之歌》的记录吗？一个人以一己之力击败整支赫梯军队？不太可能。大多数埃及史学家现在相信，法老拉美西斯二世荣膺大帝之衔，不仅因为他在战场上的英勇表现，或者他作为国王的强大繁育能力——据说他有 100 多个孩子——而且还因为他拥有卓越的宣传才能。拉美西斯二世确实是古代最伟大的形象塑造者，现在去参观埃及著名神庙遗迹的游客，一定会心怀敬畏仰视拉美西斯二世守卫神庙之门的巨型石坐像，或者一系列形态相似、用

妻子与后代

人们期望王室子孙繁盛，法老王位后继有人，拉美西斯大帝满怀热忱完成了这项王室任务。在父亲塞提一世在位前 10 年，十几岁的拉美西斯二世就已经有了 10 个儿子，以及至少同样多的女儿。在拉美西斯二世漫长的一生中，他共娶了 6~8 个正妻、10 个次妻，以及不计其数的妾。一般认为，拉美西斯二世拥有大概 80 个儿子和 60 个女儿，数量非常惊人。即使按照法老的标准来说，这样的数量也过多了。拉美西斯二世有充足的理由让自己的血脉开枝散叶。虽然他出身于普通家庭，但是他一心希望恢复纯正的王室血脉。他对男性继承人委以重任，对可能成为继位者的前 12 个儿子进行培养，但是他们都在拉美西斯二世之前过世。拉美西斯二世的第十三个儿子美尔奈普塔（Merenptah）大约在公元前 1214 年登上王位。虽然拉美西斯二世竭尽全力，但拉美西斯王朝（Ramessid Dynasty）还是在 150 年后就衰败了。

辉煌的统治

公元前
1303年

生来伟大

拉美西斯二世祖上并非王室血统，他的爷爷拉美西斯一世是一位勇士，作战勇猛，受到后继无人的法老霍莱姆赫布的赏识并传位于他。拉美西斯二世出生的时候，埃及军事和政治力量正处于上升期。

公元前 1303 年

日后为王的男孩儿

拉美西斯二世在父亲塞提一世成为法老时，还是一个小男孩儿。在塞提一世壮观的阿卜多（Abdju）神庙中，有一面彩色的浮雕墙，上面刻画了年轻王子拉美西斯手持卷轴的形象，卷轴上是可追溯到第一任法老美尼斯（纳尔迈）的王族家谱，美尼斯第一次成功统一上下埃及建立完整国家。埃及学家认为，拉美西斯可能只是几个有资格继承王位的王子之一，但是正统文献记载宣称只有拉美西斯一人拥有王位继承权。

公元前 1300 年

少年统帅

拉美西斯在年仅 10 岁时，就被任命为军队的统帅。4 年之后，他跟随塞提一世参加了对利比亚和巴勒斯坦的几次军事战斗。

公元前 1299 年

与奈菲尔塔利的婚姻

奈菲尔塔利是拉美西斯二世第一位、也是最著名的妻子。他还是王子的时候，就娶了奈菲尔塔利，奈菲尔塔利在拉美西斯登上王位之前就生育了四个子女。她来自埃及的名门望族，是一位高级官员的女儿，是底比斯行政长官的妹妹。拉美西斯二世对奈菲尔塔利的宠爱之情，见于阿布辛贝勒小神庙的雕像以及他给最爱的奈菲尔塔利的挽歌作品。

公元前 1293 年

联合执政

拉美西斯二世在塞提一世统治的第八年，正式与父亲联合执政。大约在这一时期，拉美西斯二世和他两个年少的儿子率领埃及军队镇压努比亚叛乱，其中的战车突袭让人心惊胆寒。

公元前 1283 年

加冕为王

塞提一世死后，拉美西斯二世将自己塑造成一个能力超群的军事统帅，以及王位的合法继承人，由此开始了他长达 66 年的统治。

公元前 1279 年

于支撑庙宇内部结构的拉美西斯二世石柱雕塑。埃及的民众每天抬头望见这个巨大的完美形象，他们毫无选择，只能相信这些雕像传达的无言信息：站在这里的是你的国王、你的统治者、你的神。拉美西斯二世在位长达 66 年之久，这个时限跨越了普通埃及人几代的寿限，这就更强化了人们的认知，即拉美西斯二世的统治的确会永恒不朽。如此长的统治时间，基本上能让人理解为什么拉美西斯二世时期建筑的规模如此宏大，为什么他的形象无所不在。古代法老胡夫在位 23 年，建造了吉萨大金字塔，想象一下拉美西斯在位 66 年，他能建造完成多少座金字塔。

在拉美西斯二世统治期间，埃及军队人员数量骤增，达到大约 10 万人。

为了了解拉美西斯二世在位期间让人惊叹的庞大建筑规模，我们可以去了解一下以其命名的王家城市培尔－拉美西斯（Per-Ramesses 或 Piramesse）[1]。培尔－拉美西斯距离现在的开罗 120 千米，最初是拉美西斯二世父亲塞提一世修建的一处简易夏宫，位于尼罗河三角洲东岸边界区其家族兴起之地的附近。培尔－拉美西斯经过 18 年的营建和扩张，上升为埃及第三大宗教中心，地位仅次于孟斐斯和底比斯，成为整个国家的政治首都。现在，我们对培尔－

1 培尔－拉美西斯意为“拉美西斯之家”。——译者注

卡迭什战役的“胜利”

公元前 13 世纪的阿姆鲁生存于赫梯和埃及这两个超级大国的夹缝之间，公元前 1274 年，赫梯人和埃及人都宣称对阿姆鲁王国具有统治权。双方的军事冲突最终在卡迭什爆发，并永远载入了史册。卡迭什战役成为古代世界规模最宏大、资料记录最丰富的军事交锋，双方都宣称自己取得了胜利，不过拉美西斯二世更擅长宣传，他编写了《潘道尔之歌》，将其记录在埃及五座重要神庙的墙壁上，“毫不夸张地说，他凭一己之力抵挡了成百上千人的协同进攻”。

公元前 1274 年

永恒的国王

拉美西斯二世非常长寿，有 12 个儿子先他而去，而他直到 96 岁才离世，统治时间之久让人惊叹。他的木乃伊表明他患有退行性关节炎，以及严重的天花，这说明他最后的日子过得并不是那么舒适。

公元前 1213 年

公元前
1213年

工程建设繁荣期

卡迭什战役后，拉美西斯二世享受了一段相对和平的时期，在这段时间内，他在底比斯、孟斐斯、卡纳克和阿布辛姆贝勒重修和新建了一些神庙。除了没有建造金字塔外，他是古代埃及最具影响力的纪念性建筑的修建者。

公元前 1275 年

自我神化

拉美西斯二世在他统治的第三十年，庆祝了第一次塞德节，当时他已经年近 60 岁。这一古老的典礼可以追溯到最早期的法老，举办的目的是更新王权，让法老的身体和精神重新焕发活力。拉美西斯二世一共庆祝了 13 次塞德节，每次庆祝活动都将他的宗教地位提升到更高的一个层次。在埃及人的世界观中，法老拉美西斯二世生来即为神，只不过驻留人间。

公元前 1249 年

▲ 阿布辛贝勒神庙的内殿

拉美西斯的庄严壮丽知之甚少，不过有一手资料记录了这座曾经壮丽无与伦比、财富无可比拟的城市。王宫区位于一座小山之上，俯视着尼罗河，大街两侧林列王室宅邸和神庙，宽敞的庭院和彩砖装饰的阶梯。埃及帝国最富有的家族、政府官员和高级祭司居住在周边的别墅里，运河和葱翠的水上花园将其勾连交通起来。

肥沃的农田环绕城市，这些最为丰饶的土地为培尔－拉美西斯提供了丰富的谷物、水果和蔬菜，滋养着三万人口，填满了法老的仓廪。培尔－拉美西斯也是一个让人惊叹的国际性都市。拉美西斯二世选择这座城市，很可能是因为它临近塞尔要塞（the fortress at Sile）。塞尔要塞是进入东部行省巴勒斯坦、叙利亚和更远的其他亚洲国家的传统通道。外交使节、商人和外来劳动力成群结队来到这座新建的城市。在培尔－拉美西斯，除了有献祭传统的神祇赛特神和阿蒙神的埃及神庙外，也有祭祀外国神灵例如巴力、阿娜特（Anat）和叙利亚女神阿施塔特（Astarte）的宗教仪式，阿施塔特女神是拉美西斯二世战马的保护神。

拉美西斯二世很可能就是《圣经·旧约》中的拉姆塞斯（Ramsses），圣经记录希伯来奴隶曾在法老的大储藏库中做苦工，到底拉美西斯二世本人是否就是《十诫》中那个邪恶的法老，先另当别论。重要的是，古埃及的法老通常大权在握，他们承担了许多职衔，如宗教领袖、军事统帅和政治统治者。法老最终的职责是领导埃及王国进入玛阿特，即宇宙和谐、正义、秩序、和平这一理想状态，法老借助法律、宗教和军事，为创造这样的和谐状态发挥最大的作用。

从此种意义上说，拉美西斯二世的确是一位伟大的法老。在他的统治下，埃及帝国度过了一段长久的稳定和谐时期。拉美西斯二世以一个超级勇士的姿态，碾压了数以万计的敌人。实际上，他是一位足智多谋的军事政治战略家。存疑的《潘道尔之歌》并不是展现拉美西斯二世伟大过

卡迭什战役是历史上
最大规模的战车之战

战车

埃及人和赫梯人借鉴了亚洲草原文化中的马拉战车。马被运用于战争，不是骑乘而是驾驭战车，配有一个驭者和一个或者多个战士。敏捷的战车在战场左冲右突，以弓箭、近距投枪和长矛配合击杀敌人。赫梯战车兵赫赫有名，

数千辆战车拉着身穿锁子甲的士兵集团式冲锋。埃及战车是轻型战车，车体框架使用木头裹以韧性帆布制作而成，底板则采用由皮条编织的网。

人之处的唯一历史文献。纽约市联合国大楼走廊通道上就悬挂着世界第一份和平协约的黏土复制品，这份协议是公元前 1269 年由赫梯国王哈图什里三世（Hattusillis III）和埃及拉美西斯二世签订的。不过，这份和平协约是不是卡迭什战役中拉美西斯二世实力碾压赫梯后，在赫梯的乞求之下签订的？完全不是。卡迭什战役的结果是，流血漂橹，僵局依旧。拉美西斯二世遭受赫梯战车军团伏击后，被从海路而来的增援部队解救。埃及人将赫梯人打退至奥龙特斯河，在这场杀戮中双方均损失惨重，埃及和赫梯都无力继续这场战争。拉美西斯二世返回埃及本土，为期一个月的军事远征一无所获。

10 年之后，拉美西斯二世试图再展雄风，以证明自己的实力。他率军北上，进军阿姆鲁和卡迭什。此时赫梯国王穆瓦塔里已经去世，赫梯帝国处于王位继承的动荡之中，拉美西斯二世轻而易举攫取了这座城市，宣布阿姆鲁是埃及的属地。拉美西斯二世以为赫梯人会对埃及展开全面的报复行动，未料却受到赫梯外交官员的欢迎。赫梯新王哈图什里无心一雪前耻和报血海深仇，他更担心埃及人前来报复。东方的亚述人逐渐强大起来，经济和政治实力与日俱长，势力不断拓展，对埃及和赫梯均构成了严重的威胁。哈图什里提出，赫梯人和埃及人应该联合起来，巩固各自的统治。

联合国悬挂的那份和平协约，证明拉美西斯二世是一位拥有政治远见的统治者。从拉美西斯二世的视角看，哈图什里的提议显示出了赫梯的软弱和妥协，拉美西斯二世也曾想过一次性彻底地击败赫梯。但是，他看到了一个抛弃世代仇恨的机会，卡迭什之战让无数的埃及士兵丧生，国家也靡费日剧，如果以一种前所未有的外交行为，去缔结一份协议，这将给国家未来几代人带来和平与稳定。为了弥补赫梯与埃及之间破裂的关系，拉美西斯二世迎娶哈图什里的女儿为自己的第七任正妻。

拉美西斯二世的木乃伊表明，他身材不高，有 170 厘米，长着鹰钩鼻，身上有多处创伤和骨折。

回看王国的首都培尔－拉美西斯，与赫梯联合的举措对强化埃及军力意义非凡。首都不仅是展示埃及帝国繁荣的窗口，这里还坐落着法老最大的兵工厂，里面有巨型的熔炉鼓风炉，为埃及军队铸造刀、长矛和箭镞。和平协议签订后不久，拉美西斯二世就引进了赫梯的一些手工匠人指导兵工厂的工匠，学习如何制造能够刺穿赫梯盾牌的武器。

埃及与赫梯握手言和，赫梯可能不再是敌人，但是还有很多野心勃勃的政治力量正虎视眈眈。直到拉美西斯二世统治末期，他还在奋力保护埃及边境地区的安全，打击来自利比亚的部落、亚述进犯者以及诸多的外族势力。

拉美西斯二世的实力不仅仅体现在军事方面，他是人间的神，要理解他作为宗教领袖的重要性，有必要首先了解一下古埃及人是如何看待宇宙的。从最早时期起，古埃及人宗教崇拜的重点是深信死后复活。事实上，玛阿特的观念来自鸵翼女神玛阿特，她“称量”亡者的心脏以判定他们是否能获得永生。埃及众神殿中有众多的男神和女神，例如拉神、奥西里斯神、阿蒙神、伊西斯神、赛特神和其他许多神，每位神都在复杂的创世神话、死亡与再生中发挥着作用。在拉美

卡迭什战役

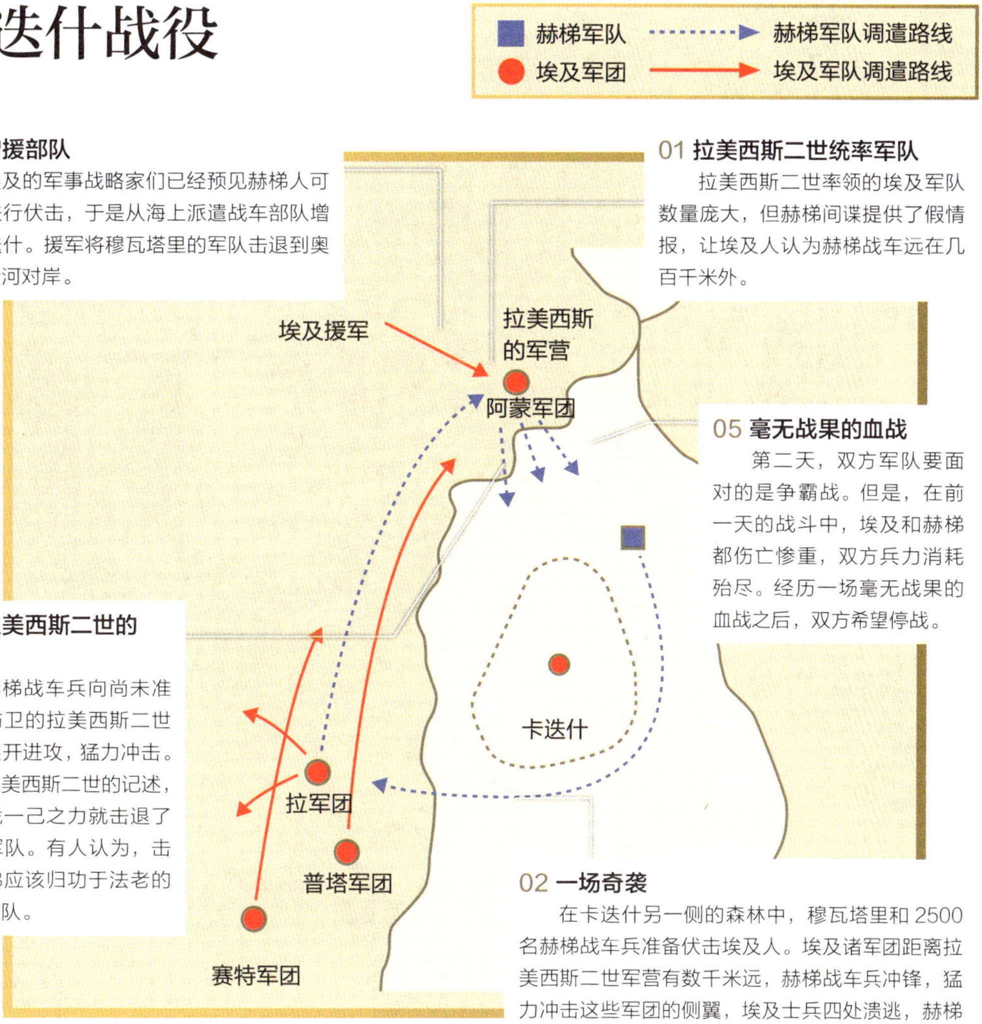

01 拉美西斯二世统率军队

拉美西斯二世率领的埃及军队数量庞大，但赫梯间谍提供了假情报，让埃及人认为赫梯战车远在几百千米外。

02 一场奇袭

在卡迭什另一侧的森林中，穆瓦塔里和2500名赫梯战车兵准备伏击埃及人。埃及诸军团距离拉美西斯二世军营有数千米远，赫梯战车兵冲锋，猛力冲击这些军团的侧翼，埃及士兵四处溃逃，赫梯士兵紧追不舍。

03 拉美西斯二世的抵抗

赫梯战车兵向尚未准备好防卫的拉美西斯二世营帐展开进攻，猛力冲击。根据拉美西斯二世的记述，他仅凭一己之力就击退了赫梯军队。有人认为，击退赫梯应该归功于法老的精英卫队。

04 增援部队

埃及的军事战略家们已经预见赫梯人可能会进行伏击，于是从海上派遣战车部队增援卡迭什。援军将穆瓦塔里的军队击退到奥龙特斯河对岸。

05 毫无战果的血战

第二天，双方军队要面对的是争霸战。但是，在前一天的战斗中，埃及和赫梯都伤亡惨重，双方兵力消耗殆尽。经历一场毫无战果的血战之后，双方希望停战。

西斯二世时代，对于普通埃及民众来说，神祇负责维护宇宙的正常秩序，并且在人们生前至死后复活的神秘旅途中为个人提供保护和指导。埃及人通过庆祝季节性节日和为诸神神庙提供祭品，来表达他们对神祇的感激和忠诚。

当然，法老并不是普通埃及人。王室地位显赫，也就拥有具有自己独特风格的宗教崇拜仪式。拉美西斯二世是神与人之间的中介，在世时是拉神即强大的太阳神的儿子，在来世是奥西里斯神的后裔。在充满对抗的宇宙观中，法老是伊西斯之子荷鲁斯的化身。无论在哪种情况下，其中的含义都是很明确的。从天地创造一直到永恒来世，法老都是联结人间和神祇权威的牢不可破的俗世代表。

古埃及是神权政治，法老是绝对的专制君主。但这并不意味着拉美西斯二世本人会监管埃及民众生活的各个方面。他的主要行政官员是两位维齐尔，分别负责上埃及和下埃及。作为埃及宫廷的首席审判官，维齐尔要负责税收任务、管理谷物储存、解决领土争端、记录降雨量以及尼

骁勇的法老

在拉美西斯二世的父亲成为法老的那一刻起，年轻的王子就已经准备好，要成为一名锐意进取的军事统帅，他训练驾驭战车和射箭的技巧，这是古代两大致命武器。在拉美西斯二世正式登上法老王位之前，这位 22 岁的王子就已经开始独自统率埃及军队。拉美西斯统御军队粉碎了加利利以及位于当今以色列和黎巴嫩边境附近港口城市阿卡（Akko）的叛乱，强化了埃及帝国的统治，他还利用赫梯王位继承出现危机之时，向北进军重新攻占了争议地区的阿姆鲁王国。如果是在过去，这一行动将会引发全面的战争，但是由于双方现在都面临东部兴起的亚述帝国的威胁，于是埃及与赫梯签订协约，以共同巩固两国的边境安全。在拉美西斯二世统治的最后时期，他在尼罗河三角洲西部建立了战略防御工事，用以抵御利比亚人的崛起，利比亚人的威胁后来被拉美西斯二世之子美尔奈普塔粉碎。

罗河水位变化。财务官负责管理神庙和国家的财政，管理开采建筑神殿用石料的采石场。如果普通埃及民众有冤情不满，他将与 42 个诺姆（或称州）中管理各自地方的州长沟通，州长会汇报给维齐尔，后者每天会觐见法老征求决策意见。

拉美西斯二世在其漫长的统治生涯中，修缮或者新建的神庙数量在整个古埃及王朝的所有法老中是最多的。他也会将自己的雕像摆放在这些神庙中的显著位置，通常与诸神齐平。乍看起来，这样的做法显得非常骄傲和自大，不过从埃及宗教思想的视角来看，这种精神自我提升的做法就说得通了。如果埃及文明的最高目标是获得玛阿特或者说神圣的和谐，那么就需要一个最高领导者，他的意志与神绝对和谐。通过数以万计的建筑，拉美西斯二世在表明他对诸神信仰的同时，也丰富了自己独特的个人崇拜。

拉美西斯二世建造了一些非常精致巧妙的神庙，特别是他在父亲塞提一世的阿拜多斯大型神庙建筑群中建造了一座自己的小型神庙。实际上，建造优雅精巧的神庙并非拉美西斯二世的本愿。建造神庙伊始，他喜欢速战速决，按照神庙建造传统，神庙外部所有装饰性主题都采用凹雕方式进行雕刻，人物图像和象形文字阴刻于石头之上，强调光线明暗对比。神庙内部光线偏暗，工匠雕刻时会采用更加耗时的浅浮雕方式，将绘画和神的象征物提升为背景。拉美西斯二世考虑到工程时间关系，命令所有神庙修建无论内外都采用凹雕形式进行刻画。这就是为什么拉美西斯二世比此前或之后任何一位国王建造神庙的数量都要多的原因。

评论家们认为，拉美西斯二世在阿布辛贝勒修建的两座神庙，完美地展现了这位法老自我颂扬是何等的极致。这两座建筑是用悬崖峭壁的原生岩石凿刻而成，俯瞰着努比亚尼罗河的“之”字形河曲。拉美西斯二世放下了对神的虔敬之心，建造了阿布辛贝勒大神庙，当地称之为“阿蒙神所钟爱的拉美西斯神庙”。四尊巨大的拉美西斯二世雕像守卫着宏伟神庙的入口，每尊雕像高度超过 21 米。在神庙的内部，伟大法老拉美西斯二世的形象遍布墙壁。大厅的每根圆柱都雕刻了奥西里斯形象的拉美西斯二世。墙壁浮雕描绘了拉美西斯二世英勇的军事征伐功绩。在内殿深处雕刻着埃及万神殿中最受尊敬的三位神——创造神普塔、阿蒙神和拉神的坐像，旁边是拉美西斯二世自我神化的坐像。

在那个时代，拉美西斯二世可以说是世界上最强大的人。他是神定的统治者，治下的文明繁荣而又充满凝聚力。作为埃及的法老，他在每个领域的表现都堪称完美：统率军队击败外敌，维护国内安定秩序，建造遍布埃及的献给诸神的大型建筑，辉煌的遗产留存至今。

只要拉美西斯二世坚毅的石雕脸孔还屹立在这座宏伟的王国废墟之上，他的丰功伟绩就会穿越时空成为永恒。

埃及与赫梯握手言和，赫梯可能不再是敌人，但是还有很多野心勃勃的政治力量正虎视眈眈。

拉美西斯的伟大建筑

阿布辛贝勒神庙

公元前 1264 年或前 1244 年

尼罗河沿岸的这两座神庙，就是献给拉美西斯二世和王后奈菲尔塔利的宏伟赞歌。规模较小的神庙有两座 12 米高的奈菲尔塔利雕像，其两侧共分列四座更高大的拉美西斯阿波罗神巨像。另一座规模较大的神庙门外有四尊巨大的拉美西斯二世坐像守护，每尊约 21 米高。内殿则是等身而坐的拉美西斯二世和神祇的雕像。在一年当中，只有两天阳光可以穿越幽暗的长廊直射内殿雕像身上，其中一天是拉美西斯二世的生日。

培尔－拉美西斯（或者派拉美西斯）

公元前 1280 年

拉美西斯二世在尼罗河三角洲东北岸建造了这座新城市，作为拉美西斯王朝的首都。此地最初的建筑群是拉美西斯父亲塞提一世建造的普通夏日行宫，但是拉美西斯二世进行了空前的大规模扩建，增建了 10 平方千米的府邸、军营以及铺饰豪华的巨大的王座室，这些都与伟大的法老拉美西斯二世身份相称。

拉美西姆祭庙

公元前 1270 年

底比斯附近这座宏大的建筑是拉美西斯二世的正式祭祀神庙。在神庙建筑群的每一面墙上，都刻画了歌颂拉美西斯二世军事胜利的内容，尤其是夸耀击败赫梯人的战役，壁画浮雕总计有 285 平方千米之多。在当时，每根柱子上都装饰着拉美西斯二世威风凛凛的浮雕形象。而现在，最大的石雕巨像却倾倒在地上。这正是英国浪漫主义诗人莱西·比西·雪莱著名诗篇《奥兹曼迪亚斯》的灵感来源。

大柱厅

公元前 1290 年至前 1224 年

拉美西斯二世统治期间，在卡纳克神庙建成了大柱厅（the Great Hypostyle Hall），装饰性图案的内容一如其他建筑，也是赞颂法老的力量。这座 5500 平方米的建筑由 16 行 134 根圆柱组成，其中大多数柱子实际高度超过 15 米。后来的法老们又不断装饰，丰富柱厅。大柱厅是古代世界最伟大的建筑奇迹之一。

法老具有多重角色：宗教领袖、军事首领、政治统治者。

亚历山大大帝：埃及的解放者

作为一位拥有雄才大略的统治者，或者说冷酷无情的战神，亚历山大大帝军威所至，强大的埃及王国俯首称臣

威尔·劳伦斯（Will Lawrence）

文献记载了亚历山大大帝的一个梦，据说在公元前 331 年，正在熟睡的征服者亚历山大梦见了一位受人尊敬的老者，这位老者可能就是荷马，他在梦中吟诵着《奥德赛》的动人诗句，并建议亚历山大在埃及建造一座伟大的城市亚历山大城。

> 亚历山大的父亲马其顿国王腓力二世，邀请伟大的哲学家亚里士多德辅导他 13 岁的儿子。

保留下来的这一独特的梦之记忆，提到的应当就是这位咏史诗人，因为亚历山大不顾一切地践行了荷马的理想。就像荷马史诗《伊利亚特》中的赫克托尔和阿喀琉斯一样，他将作为最负盛名的勇士之一彪炳千古。他一生创造的丰功伟绩，时至今日依

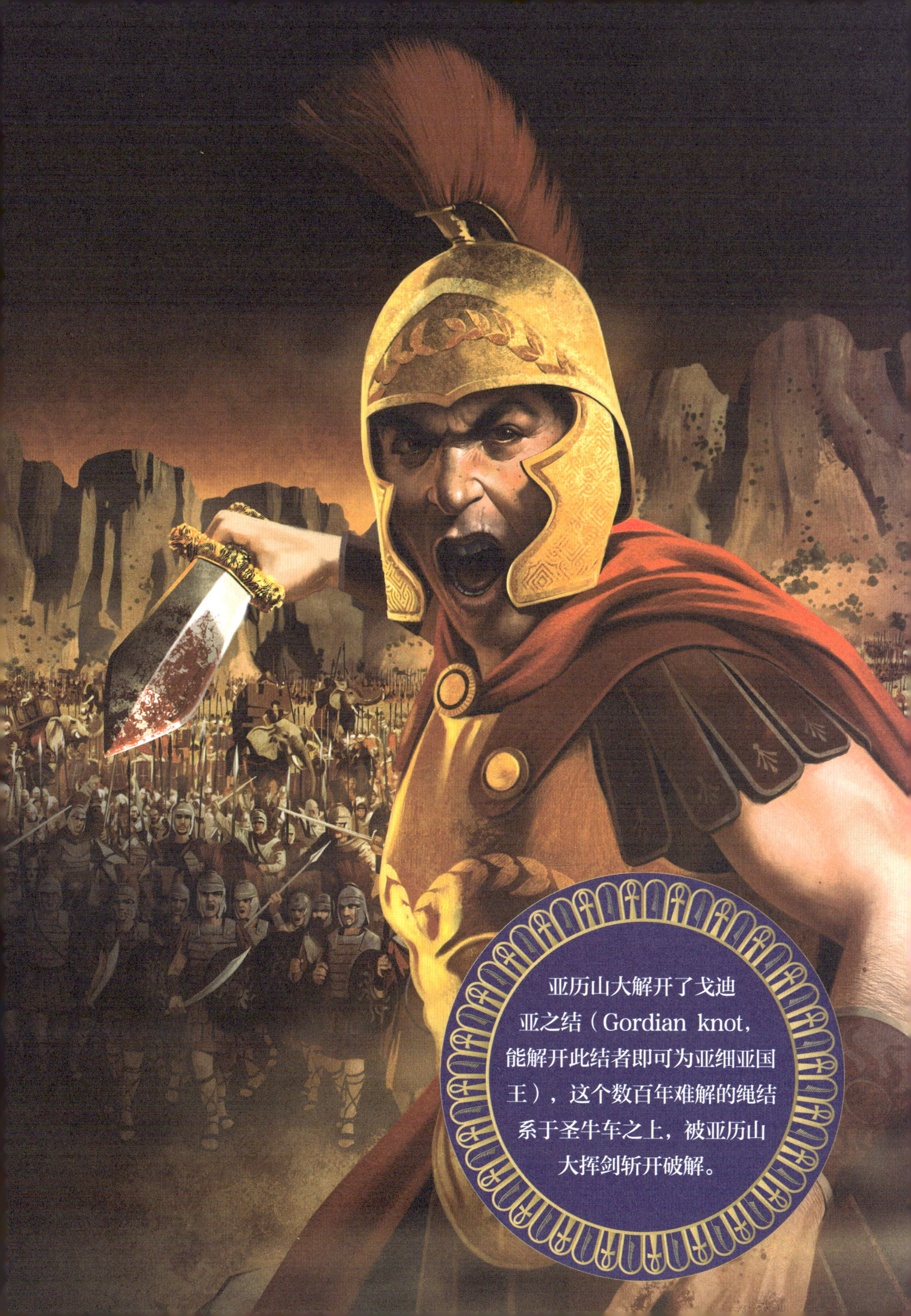

亚历山大解开了戈迪亚之结（Gordian knot，能解开此结者即可为亚细亚国王），这个数百年难解的绳结系于圣牛车之上，被亚历山大挥剑斩开破解。

然熠熠生辉。当代最著名的亚历山大传记作家之一罗宾·雷恩·福克斯（Robin Lane Fox）曾说，这位马其顿国王折服于荷马的生花妙笔，他“不是静心远观的冷漠读者，而是能与荷马心灵相通的伟大征服者，他时时品读荷马的诗行，在他一生的戎马生涯中，反映其家园的这些诗句从未离开过他的身旁。”

这个家园的种子就是马其顿。马其顿王国位于希腊北部。公元前356年，马其顿国王腓力二世（Philip Ⅱ）和王后奥林匹娅丝（Olympias）诞下亚历山大，这个孩子茁壮成长，成为一个身强体健、才干超群的年轻人。

亚历山大16岁的时候，开始代父统治马其顿，当时他的父亲正在进行反波斯的战争。两年之后，作为国王腓力二世军队左翼的指挥官，亚历山大果敢用兵取得了喀罗尼亚（Chaeronea）战役的胜利，获得了三重桂冠绶带（the Great Triple Laurel Crown Ribbon），至此雅典置于马其顿王国的统治之下。

公元前336年，腓力二世被谋杀。亚历山大继承了王位，同时也承继了父亲进行的波斯战争。亚历山大刚登王位，敌人联军就从四面八方展开进攻，企图击垮这位年轻的国王。亚历山大迅速击溃了侵扰已久的伊利里亚人（Illyrians），并将反叛的古希腊底比斯夷为平地。公元前334年，亚历山大穿越达达尼尔海峡，进入小亚细亚地区，在西里卡（Cilica）取得了击败波斯军队的一次重大胜利。一系列的胜利接踵而至，不过随后在征服推罗（Tyre）和加沙城时，亚历山大的军队久攻不下。最后，在加沙城破之时，城中成年男性悉遭屠戮，妇孺皆卖为奴，这在当时是相当常见的习俗。加沙总督的命运，或许就像传说的那样，让人想起荷马史诗《伊利亚特》的高潮部分，想起阿喀琉斯在对待被他打败的敌人赫克托尔时使用的手段：亚历山大用皮带缚住这位总督的脚踝，驾着战车，在尘土飞扬中拖拽敌人破败的尸体飞驰。

亚历山大建立了70座以自己名字命名的城市，其中以埃及的亚历山大城最为知名。

加沙的陷落打开了通往埃及之路的大门，公元前332年12月，亚历山大进入波斯帝国中这个最强大的王国。

在前一年的伊苏斯（Issus）战役中，亚历山大大获全胜，当时的波斯国王大流士三世溃逃，埃及人失去波斯的帮助，根本无力抵挡这位身经百战的入侵者及其训练有素的军队。与此同时，亚历山大的海军已经进驻战略要地贝鲁西亚（Pelusium）城。在这种形势下，波斯驻埃及总督马萨克（Mazaces）一心只想结好亚历山大。古代历史学家阿里安（Arrian）写道：“腓尼基、叙利亚和阿拉伯半岛大部分地区已经落入马其顿人手中，这种情形迫使他（马萨克）接纳亚历山大，并和他建立友谊，让亚历山大兵不血刃进入埃及，全境臣服。”阿里安的诸多记载，是我们了解亚历山大生平的重要文献来源。

马萨克和亚历山大在埃及首都孟斐斯会面，在法老的国度，这位入侵者向埃及的传统神明进行献祭。亚历山大虔诚敬神的行为赢得了埃及人的好感，根据一些资料的记载，当地人对于11年前两次征服埃及的波斯国王阿尔塔薛西斯三

亚历山大的埃及继任者

亚历山大的将军托勒密，在伊苏斯战役中表现非常英勇。他陪同亚历山大朝觐西瓦绿洲的阿蒙神庙，祭司宣布亚历山大为神之子。

公元前 323 年亚历山大病逝，托勒密成为埃及的统治者。公元前 304 年，他宣布自己为法老，建立托勒密王朝，托勒密王朝存续到公元前 30 年克莱奥帕特拉七世死亡、埃及并入罗马帝国为止。

托勒密被公认为是一个富有远见的英明统治者，他控制着塞浦路斯、巴勒斯坦和小亚细亚部分地区。他帮助罗德岛人击退马其顿敌人德米特里乌斯（Demetrius）的进攻，获得罗德岛民众的爱戴。公元前 305 年，罗德岛人授予托勒密“拯救者”（Soter）的称号。

托勒密着手建造了著名的亚历山大城图书馆——这是亚历山大本人穷其一生未能实现的愿望——亚历山大城成为整个地中海乃至世界声誉卓著的学术中心。该图书馆将伟大哲学家亚里士多德的私人图书馆囊括其中。

一般认为，托勒密的儿子托勒密二世在父亲死后最终完成了图书馆的修建。托勒密一世 84 岁时去世。根据历史学家和埃及学家的说法，后来亚历山大城图书馆在公元前 48 年至 642 年期间被焚毁。

世心怀痛恨，因为他吃掉了埃及的阿比斯神牛（Apis）。无论这个说法真实与否，其目的都是为亚历山大服务的，亚历山大是“波斯人渎神行为的复仇者”。

亚历山大从孟斐斯出发，沿尼罗河而下登陆卡诺珀斯（Canopus）。公元前331年，他在此着手创造其一生中最为辉煌的成就之一，即建造亚历山大城。或许荷马的诗篇还萦绕在耳，他将城市港口的位置选在马里奥蒂斯（Mareotis）湖和大海之间的土地之上，正对着法洛斯（Pharos）岛，这是《奥德赛》第四卷所言斯巴达国王墨涅拉俄斯（Menelaus）搁浅之地。也正是在法洛斯，在随后的一个世纪里耸立起世界上第一座灯塔，它成为古代世界七大奇迹之一，永垂后世。

历史学家对亚历山大以自己名字命名这座城市的意图众说纷纭。有人认为亚历山大是希望这座城市能够代替孟斐斯成为埃及的新首都。无论真实情况如何，亚历山大城在其后的两千年间实力和荣耀都远超建立者意图之上，亚历山大城取代推罗成为极具竞争力的国际市场，它抑制了腓尼基人的商业活力，激发了希腊人的商业活力。

在建设这座名城的工作开始之后，亚历山大就和他的追随者们一路向西，之后又南行300英里，穿越沙漠到达西瓦绿洲（the oasis of Siwah），即神秘的创造之神阿蒙的神谕处。

亚历山大此行的目的尚不清楚，应该不是基于战略考虑。仅在亚历山大造访西瓦绿洲20个月后，历史学家奥林索斯的卡利斯提尼斯（Callisthenes of Olynthus）记载说，他认为“亚历山大的雄心壮志，促使他前往阿蒙神庙，因为他听说玻耳修斯和赫拉克勒斯此前曾经到过那里”。

较晚时期的阿里安曾经说过：“亚历山大渴望能与英雄玻耳修斯和赫拉克勒斯齐名，他的身上也流淌着像他们一样的英雄的血液，一如传说那样他们是神宙斯的后裔，所以他应该也是，他有一种感觉，认为自己是阿蒙神的后裔。”

现代历史学家有着不同的逻辑，他们认为亚历山大带着使节从锡兰尼（Cyrene）出发，目的是为了巩固他与利比亚的西部边界。然而，他绕道而行，为其平添了传奇色彩。

亚历山大的第一位妻子罗克珊妮（Roxanne）被誉为亚洲第一美女，她的伊朗名字叫“小星星”。

在亚历山大离开沙漠回到孟斐斯之后，福克斯写道：“这位宙斯的新子倍感欣慰，他自由挥洒他的豪迈，尽情展现他的神秘，将大量的祭品献给神王宙斯，他认为自己已经用利比亚的方式朝觐了西瓦的这位希腊神。”在对埃及着手实际管理前，亚历山大推出了各种游戏和诗歌吟诵活动。

阿里安写道：“亚历山大被埃及深深打动。这个国家的潜在力量，让他把统治权分给诸多官员，他认为将所有权力统归一人手中是不安全的。”实际上，亚历山大是遵循了埃及法老的做法，将埃及分为两个部分，也就是上埃及和下埃及，由两个埃及人分任“总督”管理司法和日常行政。与此同时，派遣两位马其顿将军进行督管，亚历山大的这些政治举措，基本上延续了埃及国家的正常生活，没有造成太多影响。

就传统而言，埃及经济并非货币经济，而是采用实物交换的形式。多年前努比亚金矿的丧失，让法老失去了贵金属资源。但是，雇佣兵和组建舰队都需要硬通货币，在波斯人和后来的希腊人入侵埃及之前也是如此。近一段时期，法老们雇用一个希腊将军向那些手中拥有金银的人即贵族和祭司筹集金银。亚历山大延续了这一传统，他指派一位专门大臣克莱奥梅尼（Cleomenes）去给舰队和雇佣军部队筹集金银。

北方撒玛利亚（Samaria）反叛，亚历山大离开埃及前往平叛之后，就再也没有回到埃及。亚历山大天纵英姿、雄心勃勃，这让他继续投入到打击波斯大流士、并吞印度的战争当中。公元前331年，亚历山大在高加米拉（Gaugamela）击败波斯国王获得伟大胜利。仅3年多后，亚历山大又开始着手征服印度，此行命运多舛。公元前323年，亚历山大在巴比伦突然去世，年仅32岁。

与此同时，在埃及的克莱奥梅尼继续履行着他的职责，监管修筑宏伟的亚历山大城的最后工作，这个职位给他带来了丰厚的收益。当亚历山大在埃及的继任者托勒密处死克莱奥梅尼后，托勒密继承了后者数量惊人的财富，据说财产有8000塔兰特（talent，古代计量单位）之巨。托勒密王朝繁荣昌盛，在埃及这片拥有巨大实力和潜力的土地上，亚历山大城堪称其商业桂冠上的一颗耀眼明珠。

亚历山大被认为是古代世界最伟大的军事天才，在15年的戎马生涯中，他百战百胜，无一败绩。

大流士三世，波斯国王，埃及法老

当亚历山大展开著名的亚洲征服行动时，波斯国王大流士三世面对马其顿王国强大的军事力量如坐针毡。大流士三世作战勇猛，战绩辉煌，据说他在平定伊朗中部一个反叛部落时作战异常勇武。波斯帝国的疆域也包括埃及，埃及是在公元前343年臣服于波斯的，当时阿尔塔薛西斯三世在一场决定性的战役中击败了埃及法老奈克塔奈布二世。

亚历山大东征伊始，便征服了大流士三世的一些总督。大流士三世于公元前333年在伊苏斯与亚历山大展开厮杀。尽管大流士三世的军队在数量上占据优势，但仍被对方打得溃不成军，大流士三世在战场上丢盔弃甲而逃。古代历史学家认为，波斯军队战死人数在11万左右，而马其顿战死者大概只有300人左右。

伊苏斯战役的胜利为亚历山大打开了通往叙利亚的大门，叙利亚的陷落又为他进军埃及铺平了道路。亚历山大继续对亚洲的征服，公元前331年，他和大流士三世在高加米拉又一次遭遇，这应该是这位马其顿国王最著名的一次战役。古代历史学家估计，波斯军队人数超过100万，这个数字过于夸大了，不过现代历史学家基本都认同一点，即波斯军队数量肯定远超希腊军队，后者当时有47000人左右。

大流士三世又一次在战争结束前逃离战场，后来被自己的总督杀害，亚历山大想生擒大流士三世的愿望落空。他把大流士三世的尸体运回波斯波利斯，并且下令大流士三世应该像他的祖辈一样被体面地安葬。公元前324年，亚历山大在苏萨（Susa）娶了大流士三世的女儿斯塔泰拉（Stateira）。

时间表

重要时刻

亚历山大成为马其顿国王

公元前 336 年

腓力二世在与克莱奥帕特拉（不要跟著名的埃及女王克莱奥帕特拉混淆）的婚礼上被保萨尼亚斯（Pausanias）刺杀。这场阴谋的始作俑者并不清楚，奥林匹娅丝和亚历山大都成为嫌疑对象，不过国王腓力忠实的将军安提帕特（Antipater）和帕曼纽（Parmenio）都向亚历山大表示效忠，这就帮助亚历山大摆脱了嫌疑。此前臣服的希腊诸邦获悉腓力死讯，想趁乱摆脱马其顿王国的控制，与此同时，克莱奥帕特拉的父亲支持女儿的幼子继承马其顿王位。但是，亚历山大很快就让这些臣属国明白，马其顿的实力不容置疑。

公元前
356年

马其顿的亚历山大出生

马其顿王国腓力二世和王后奥林匹娅丝诞下儿子亚历山大。凭借卓越的政治才能和军事实力，腓力二世控制了整个希腊，随后又向东发动了波斯战争。

公元前 356 年

喀罗尼亚战役

腓力二世击败雅典大获全胜，在此役中亚历山大负责指挥左翼重装骑兵，希腊霸权——从雅典到斯巴达再到底比斯——尽归马其顿王国。

公元前 338 年

重要时刻

索格迪亚纳堡垒

公元前 327 年

亚历山大继续推进对远东地区的征服，他攻下了赫卡尼亚（Hyrcania）、阿雷亚（Areia）、巴克特里亚（Bactria）和索格迪亚纳（Sogdiana）。在今天中亚地区的撒马尔罕，他与奥克亚提斯（Oxyartes）领导下的最后一支索格迪亚纳叛军对战。影响此役的关键并不在于军力的强弱，而是当地地势险要，索格迪亚纳堡垒这个天然要塞几乎难以被攻破。根据阿里安的记载，有 300 名士兵爬上堡垒，挥动亚麻布条向下面的军队表示他们已胜利登顶。亚历山大派传令官告知对方的守城者他的“飞人士兵”已到堡垒。守城者投降，后来亚历山大娶了奥克亚提斯的女儿罗克珊妮，欧亚联结统一。随后，亚历山大挥师征服印度。

海达斯佩斯战役（Battle of the Hydaspes）

亚历山大横穿印度河，与当地统治者波鲁斯（Porus）展开作战。波鲁斯驱赶 200 头战象参战，亚历山大的轻装步兵猛攻在前冲锋的印度军队。之后马其顿方阵推进，将这些战象反向朝印度人驱赶。

公元前 326 年

停止征服的脚步

海达斯佩斯战役是亚历山大征服战争的转折点，战役虽胜但也损失良多。军队不愿意再继续作战，于是几乎处在“世界之巅”的亚历山大被迫返回巴比伦。

公元前 326 年

沙漠行军

亚历山大回到巴比伦，他试图带领军队穿越严酷的格德罗西亚沙漠（the Gedrosian desert），但这一决策是个失误。沙漠行军过程中，厌战的士兵们很多人死于高温、疲敝和缺水。

公元前 325 年

● 伊苏斯战役

在格拉尼卡斯（Granicus）河击败波斯人和占领米利都（Miletus）之后，亚历山大在伊苏斯第一次同波斯国王大流士三世遭遇，此役他大获全胜，大流士从战场败逃，置自己的妻子和母亲于不顾。

公元前 333 年

● 围攻推罗

当亚历山大的军队进入腓尼基时，希顿（Sidon）和巴布罗斯这样的大城市纷纷请降，但是强大的推罗拒绝亚历山大入城，并进行了坚决的抵抗。然而，在波斯舰队归顺亚历山大之后，推罗之围形势逆转，不久之后推罗城破。

公元前 332 年

● 亚历山大入侵波斯帝国

亚历山大整个冬季都在备战，春季时他率领 30000 步兵，包括 6 个军团的马其顿方阵以及 5000 名骑兵，穿过达达尼尔海峡进行作战。

公元前 334 年

● 布朗奇达伊大屠杀（Branchidae massacre）传说

虽然学者们认为这次大屠杀并不属实，但它依然是亚历山大诸多传奇中最耸人听闻的。据说这位征服者屠杀了全城无辜的百姓，仅仅是为了报复他们祖辈在波斯战争期间从希腊逃亡亚洲。

公元前 327 年

● 高加米拉战役

伊苏斯战役之后，大流士用 18 个月的时间组建了一支新的军队，他希望凭借庞大的军队同亚历山大在高加米拉一决雌雄。亚历山大设计化解了波斯刀轮战车的强势冲击，之后指挥马其顿方阵和塞萨利（Thessaly）骑兵赢得了战斗的胜利。

公元前 331 年

● 征服埃及

在征服菲利士人（Philistines）的城市加沙之后，亚历山大如入无人之境进入埃及，埃及总督顷刻请降。现在，亚历山大成为埃及、腓尼基和叙利亚之主，随后他开始向波斯腹地进军。

公元前 332 年

● 赫菲斯提安（Hephaestion）之死

驻军米底首都埃克巴坦纳时，亚历山大最挚爱的朋友和精神伴侣赫菲斯提安病死，这让亚历山大悲痛欲绝。据说，亚历山大将治疗赫菲斯提安无果的医生钉上了十字架。

公元前 324 年

公元前 323年

重要时刻

亚历山大之死

公元前 323 年

亚历山大在准备远征阿拉伯地区时，在巴比伦生病死去，年仅 32 岁。在 12 年的东征过程中，亚历山大占领了整个西亚地区，虽然他的许多雄心壮志还没有实现。或许在这位伟大的帝王眼中，真正的悲剧是其建立的广袤帝国在自己死后土崩瓦解，整个帝国被他那些精明强悍的马其顿将领们瓜分殆尽。这些马其顿的将军能力很强，许多人也治国有方，但是他们当中没有一个人具有像亚历山大那样的才干和远见。尽管如此，亚历山大的政治文化等遗产仍为罗马帝国以及随后基督教世界的发展铺平了道路。

科技

这一时期，亚历山大城成为先进的科技文化中心，吸引了许多学者和哲学家来到这座城市进行理论研究。希帕克斯（Hipparchus）在亚历山大城天文台观测研究，提出地月和太阳距离的理论。

天文学家希帕克斯
在亚历山大城

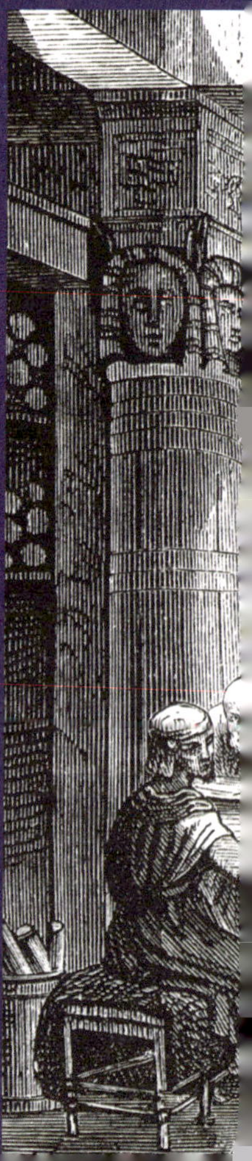

在亚历山大城，希腊神塞拉匹斯和埃及神奥西里斯都受到崇拜

图书馆囊括了来自世界各地的抄本

教育

亚历山大城图书馆在古代世界前所未有，这一点足以让这座城市自矜。不过，这里的学生学习只能使用希腊语。虽然亚历山大城还有数量庞大的埃及人和犹太人，但高等教育通常只限于希腊人。

宗教

宗教对于亚历山大城的人来说，地位至高无上。托勒密将希腊和埃及诸神结合在一起，创造了新的宗教仪式和崇拜神庙。冥神奥西里斯成为更具希腊风格的神塞拉匹斯（Serapis）。

携带标志性圆盾和长矛的希腊士兵

艺术

亚历山大城的艺术反映了希腊人的品位，不过这座城市也迎合了普通少数人例如埃及人的爱好。这里到处都是埃及风格的胸像，官方建筑内部也能见到埃及象形文字。

国王托勒密二世

政府

亚历山大城的统治者希腊人国王托勒密二世遵从埃及的风俗，自称法老，穿戴埃及服饰。埃及人把他当作神来崇拜，但是希腊人地位要稍高一些，他们并不慑服于托勒密二世的绝对专制。

军队

亚历山大城的统治者们必须从平民中征召军队守卫城市。军队组建仿照亚历山大的模式，身穿盔甲、携带长矛的士兵组成马其顿方阵，这些士兵通常都是希腊人，而非埃及人。

产业

城市港口中的原材料贸易和谷物交换，将亚历山大城打造成当时世界上最重要的港口之一。亚历山大城成为尼罗河三角洲庞大食物供应出口的重要口岸。

法洛斯灯塔指引强大的贸易舰队安全地进入亚历山大城

亚历山大城，公元前 250 年

体味古代世界最繁华的城市，它生机勃勃、文化多姿，不同的文化在这里碰撞交融，璀璨生辉

古代亚历山大城作为一个世界性的、自由繁华的城市，融合了古希腊和古埃及两个伟大文明的文化。

这座城市与其建立者亚历山大大帝同名，亚历山大公元前 332 年征服了尼罗河三角洲，在一个名为拉克提斯（Rhacotis）的小城选址建立了亚历山大城。这座城市成为扩张后的希腊帝国的一部分，亚历山大旨在促进其发展和转化成一个融汇文化与知识的大都市。城市街道的设计风格折射出这座城市改造的激情，宽阔的街道和科林斯式石柱，围绕在一系列的神庙和巨大的集会场所周围。

埃及和犹太文化的影响得以保留，让这座城市成为一个与众不同的、多样化的港口，并凭借其强大的商业和文化影响力，迅速成为古代世界的中心。

到托勒密二世统治这座城市时，亚历山大城已经发展成古代世界最繁华的大都市。它郊区延展，街道宽广，规模壮观，远胜迦太基和罗马。帝国兴衰交替，亚历山大城一直是通向尼罗河富饶丰产之地的黄金水道，也一直是一座独立之城，直到公元前 30 年克莱奥帕特拉覆亡为止。

托勒密王朝

托勒密家族因统治埃及近三个世纪而闻名，托勒密王朝也是古埃及最后一个王朝

凯瑟琳·柯曾（Catherine Curzon）

托勒密王朝之闻名，在于它体现了许多人想象中的古埃及精神。从托勒密一世“拯救者”开始，托勒密王朝统治了 275 年，从公元前 305 直到 30 年。托勒密一世并不是埃及人，他之后的埃及诸王也非埃及人。亚历山大大帝在公元前 323 年去世，死时没有指定继承人，他建立起来的庞大帝国分崩离析。那些一直忠心耿耿追随其左右的将领瓜分了他的帝国，其中之一就有托勒密，他是马其顿贵族，也是亚历山大最信任的指挥官之一。托勒密曾经是亚历山大的七大近身护卫官之一，也可以称其为私人侍卫，他替亚历山大品尝食物，以防意外，保护亚历山大不被他人投毒。

亚历山大大帝死后，托勒密希望作为忠诚追随这位伟大君主的回报，自己能获得统治埃及这个土地肥沃、农业发达的国家的权力，与他的祖国马其顿和平相处，彼此独立，互不干扰。托勒密梦想成真，他成为古埃及托勒密王朝的第一位君主，被称作托勒密一世或者“拯救者”。

托勒密王朝有时也被称为拉吉德（Lagids）王朝，这得名于托勒密一世的父亲的名字拉古斯（Lagus）。

事实证明，托勒密一世是一位拥有雄心壮志、能力卓著的统治者。他并不热衷于开疆扩土，而是把精力放在巩固国本之上，在他统治时期埃及蓬勃发展。后继国王都采用了托勒密的名号，王后们都取名克莱奥帕特拉、贝蕾尼斯（Berenice）或者阿尔西诺（Arsinoe）。托勒密王朝的统治获得了埃及人的认可，埃及人视他们为历代法老的天然继承者，不过托勒密诸王从来都没想成为埃及人。他们治理亚历山大城，保持了这座城市的原貌，倡导希腊语，希望希腊语成为这座城市的官方语言，他们也保留和延续了希腊人的一些

传统和习惯。在托勒密王朝末期，他们认为自己是马其顿人，为了保持身份血统的纯正，他们鼓励家族内部通婚，甚至兄弟姐妹之间通婚。

托勒密一世的继承者是其子托勒密二世。托勒密二世奉行对外扩张政策并初见成效，在父辈奠定的江山基础之上，他进一步巩固夯实了托勒密家族的根基。然而，整个托勒密家族，只有托勒密一世和托勒密二世是天赋异禀的领导者，其后诸王都只是在竭力维系而已，王室内斗连绵不断。一些国王登基时年龄尚幼，野心勃勃的掌权者和逢迎投机者彼此争权夺利，整个国家世风日下。

随着托勒密王朝统治的延续，亚历山大城民众拥有的权利被剥夺殆尽。最终，在托勒密八世统治时期，埃及爆发了内战。这场战争从公元前 132 年开始，持续了将近十年的时间，内战摧毁了亚历山大城。来自罗马的威胁也一直存在，公元前 96 年，托勒密 · 阿毗翁（Ptolemy Apion）将宝贵的埃及领土交给罗马。自此，托勒密家族逐渐依附罗马而掌权。托勒密十一世及其后继者成为埃及国王正是源于罗马的任命，在埃及人心中，他们已经与罗马的傀儡无异。

最终，也是罗马敲响了托勒密王朝的丧钟。在克莱奥帕特拉十二世长达 20 年的统治期间，凭着她对治下埃及这片土地文化、传统甚至语言的热爱，托勒密王朝君臣关系才有所恢复。尽管如此，托勒密王朝依然无法逃脱短命的命运。克莱奥帕特拉在公元前 30 年自杀，她的儿子与共治者托勒密十五世，在埃及臣服罗马时被屋大维 · 恺撒（Octavian Caesar）处死。充满传奇色彩的托勒密王朝，以及那些根本不是埃及人的埃及君主，最终退出了历史的舞台。

▲ 托勒密一世“拯救者”是埃及托勒密王朝的建立者

唯有托勒密一世和托勒密二世是天赋异禀的领导者。

托勒密家族的统治

托勒密一世

托勒密一世“拯救者”是托勒密王朝的建立者，亚历山大最信赖的盟友之一，是一个具有文韬武略的将军和政治家。

托勒密二世

托勒密二世“爱兄弟者”（Ptolemy II Philadelphus）统治时期，亚历山大城的宫廷熠熠生辉。在他统治期间，亚历山大城学术研究和艺术发展臻于顶峰，修建了包括亚历山大城图书馆等诸多建筑。

托勒密八世

托勒密八世“啤酒肚”（Ptolemy VIII Physcon）通过暴力和阴谋夺得王位，迫害与其敌对的知识分子，驱逐他们出埃及，最终引发了一场内战。

托勒密七世

托勒密七世（Ptolemy VII）更为人熟知的名号是“爱父者二世”（Neos Pilopator），如果他真的曾经为王，也是享国日短。他的叔叔将其谋杀，并夺取了权力。

托勒密九世

托勒密九世“救星二世”（Ptolemy IX Lathyros）与其母亲克莱奥帕特拉三世（Cleopatra III）共同执政，他在重返埃及之前甚至一度放弃埃及王位，只统治塞浦路斯。

托勒密十世

托勒密十世（Ptolemy X）弑母后独自执政。

克莱奥帕特拉七世

克莱奥帕特拉或许是托勒密王朝最知名的君主，她已经成为一个浪漫传奇。这个著名的女君主最终自杀。

托勒密十五世

即恺撒里昂（Caesarion），他是克莱奥帕特拉和尤利乌斯·恺撒的儿子，曾与母亲共治。母亲自杀后，罗马将托勒密十五世处死。

托勒密三世

托勒密三世“施惠者”（Ptolemy III Euergetes）之闻名，得益于他的碑刻法令。他对埃及宗教传统秉持开放的态度，扩建了亚历山大城图书馆。

托勒密四世

托勒密四世“爱父者”（Ptolemy IV Pilopator）统治时期，托勒密王朝走向衰败。他在母亲遭谋杀后登上王位，统治权却很难掌控在自己手中。

托勒密五世

托勒密五世“神显者”（Ptolemy V Epiphanes）即位时年仅 5 岁，实际统治权掌控在野心勃勃的摄政者手中。成年后，他曾经残酷地镇压民众的叛乱。

托勒密六世

在王位被哥哥攫取后，托勒密六世“爱母者”（Ptolemy VI Philometer）别无选择，只好寻求罗马的支持夺回权力。

托勒密十一世

托勒密十一世（Ptolemy XI）在位仅仅三周就被亚历山大城民众私刑绞死，因为他杀死了自己深孚众望的新娘，这个女子也是他的继母。

托勒密十二世

托勒密十二世（Ptolemy XII）与罗马建立了盟友关系。当他被废黜时，罗马又扶持他重登王位。

托勒密十三世

十几岁的少年托勒密十三世（Ptolemy XIII）统治的是一个因内战而四分五裂的国家，他的姐妹们与其分庭抗礼。他在逃跑时溺毙水中。

托勒密十四世

托勒密十四世（Ptolemy XIV）娶了姐姐克莱奥帕特拉，后者才是这个国家真正的统治者。他的命运不甚清楚，可能是克莱奥帕特拉杀死了他。

克莱奥帕特拉：残酷的问鼎之路

托勒密十二世备受鄙视，他的次女克莱奥帕特拉冷酷果敢，
施展种种手腕，依靠美貌色诱，成为整个埃及历史上最著名的统治者之一

弗朗西斯·怀特（Frances White）

埃及社会动荡飘摇。公元前81年，托勒密九世去世。托勒密王室爆发了一系列的暴力流血斗争，所有的法定男性继承人都被剥夺了继承权，因此只能由托勒密九世挚爱的女儿贝蕾尼斯三世（Berenice III）继承王位。贝蕾妮丝三世颇受欢迎，她嫁给了继子托勒密十一世，但是在举办婚礼仪式之后仅仅19天，托勒密十一世就杀死她夺取了王位。亚历山大城的民众群情激愤，愤怒的民众马上抓住这位新法老，用私刑处死了他。至此，埃及处于群龙无首的状态，一切似乎都失控了。

作为军事统帅和人间神的化身，法老能够阻止埃及社会发生大规模的动乱，无论由谁来做法老，都比群龙无首强。因此，托勒密九世的私生子托勒密十二世临危受命，继承了王位。托勒密十二世沉溺酒色，生活奢靡，劣迹斑斑，绝非一个能将深陷泥潭、苦苦挣扎的国家拯救出困境的领导者。托勒密十二世至少生了五个合法子女，其中克莱奥帕特拉七世是次女，长女为贝蕾尼斯四世（Berenice IV）。

年轻的公主克莱奥帕特拉七世聪颖过人，反应机敏，好奇心强，具有探索精神，她从不厌于学习知识。她在学业方面表现尤为突出，甚至她最尊敬的学者们，都对她的语言天赋惊叹不已，克莱奥帕特拉能够轻松自如地和很多外国人交谈，如埃塞俄比亚人、希伯来人、阿拉伯人、叙利亚人、米底人或者帕提亚人。她完全沉迷在充满魅力的学术世界当中，然而在丰裕和奢华的宫

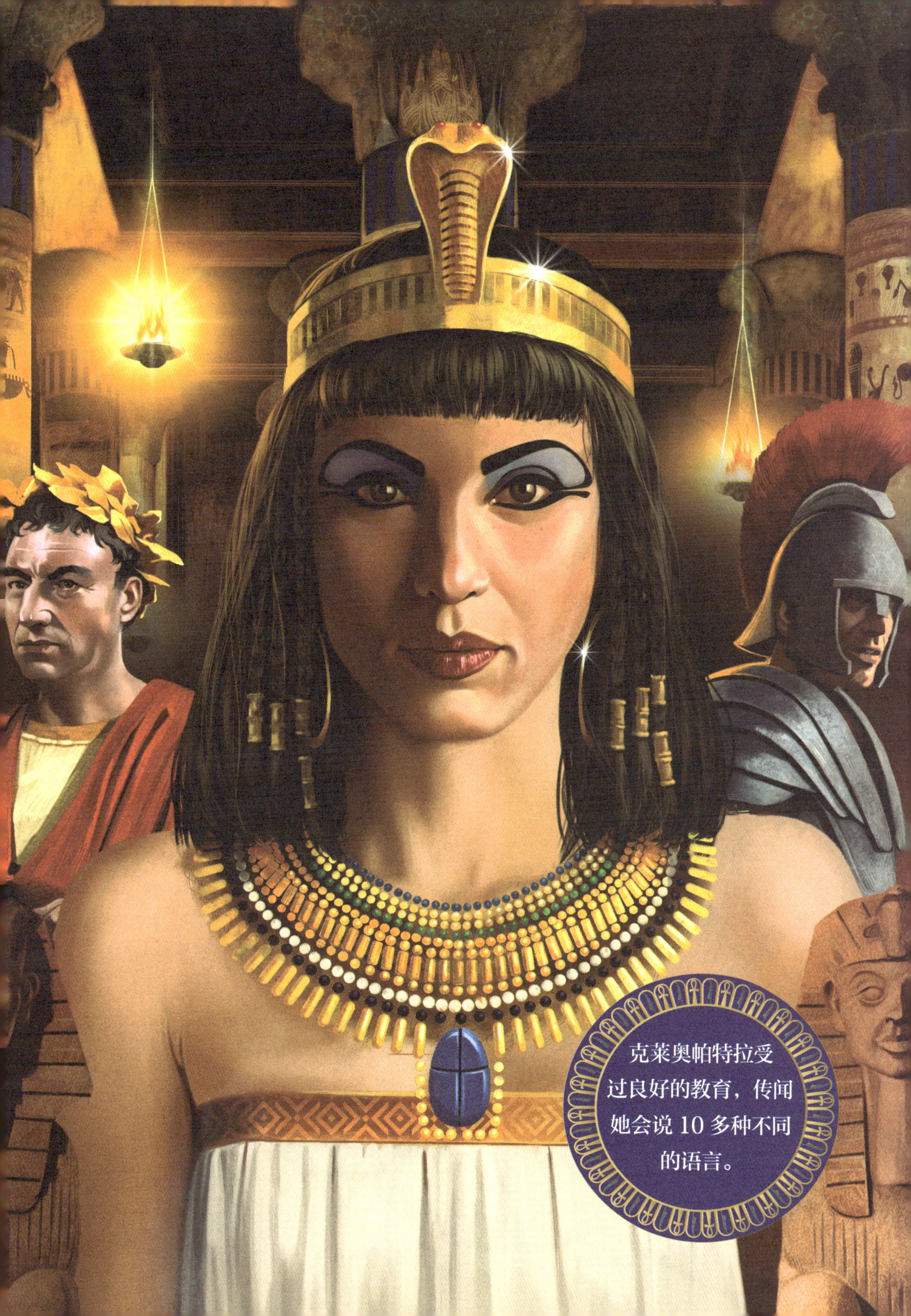

克莱奥帕特拉受过良好的教育，传闻她会说 10 多种不同的语言。

廷生活之外，现实的危机已经一触即发，埃及王国正处在分崩离析的危险边缘。

法老托勒密十二世面对的局势非常棘手。他的父亲曾许诺把埃及献给罗马，由罗马保护埃及，但罗马元老院已决定不按约行事，至少到目前为止情形如此。另外，托勒密十二世很聪明，他清楚只有满足罗马人，埃及才能生存。他用大量金钱贿赂（罗马当时最重要的人物之一）尤里乌斯·恺撒，以确保罗马对埃及的支持，但是沉重的赋税让埃及民众对托勒密十二世恨之入骨。公元前 58 年，托勒密十二世带着他聪颖机敏的次女被迫流亡。3 年之后，托勒密十二世在罗马军队的支持下重返埃及，却发现他的长女贝蕾尼斯已经登上了王位。托勒密家族生性冷酷、毫不妥协的传统让托勒密十二世凶相毕露，他毫不犹豫地杀死了自己的女儿，重登王位。此后，他的统治一直持续到公元前 51 年去世为止。他留给次女克莱奥帕特拉的所有遗产，就是埃及的王权宝座和一堆债务。

这位 18 岁的年轻女子，并非像一般人想象的那样：一个单纯天真的少女，面对濒于战乱的埃及，被迫走出象牙塔去治理这个王国。在父亲统治的最后几年里，克莱奥帕特拉就已经是父亲的左膀右臂了，从她出生那天起，她所接受的所有教育，目标都是要将其塑造成一个有才干的女王。女王，其身份不是国王，也不是法老。按照埃及的传统，所有的埃及女王都要与一位男性统治者共同执政，克莱奥帕特拉也必须如此，她只能与其 10 岁大的弟弟托勒密十三世共同执政，治理国家。

她分别与恺撒和马克·安东尼共生育了四个孩子，但是只有克莱奥帕特拉·赛琳娜（Cleopatra Selene）一人长大成人。

一个丈夫，两个爱人

托勒密十三世 西奥斯·菲洛佩特（Theos Philopator）

马其顿人，公元前 62 年至前 47 年

他们是怎样走到一起的?

托勒密十三世与其姐姐克莱奥帕特拉之间的婚姻，是缘于对埃及王室传统习俗的遵从。

他们之间是真爱吗?

姐弟二人联合执政，最后发展成一场残酷的内战，可以推测，姐弟之间并没有什么真爱，也没有证据表明他们婚姻美满。

结局怎么样?

当恺撒和他的姐姐暨妻子克莱奥帕特拉的军队宣布胜利时，托勒密十三世被迫从亚历山大城逃亡，据说他在试图穿越尼罗河时淹死了。

尤里乌斯·恺撒

罗马人，公元前 100 年至前 44 年

他们是怎样走到一起的?

克莱奥帕特拉和他的弟弟都想争取恺撒的支持，克莱奥帕特拉在约定见面的时间之前，提前见到了恺撒，并最终获得了他的支持。她采用了何种方法留给我们无限的遐想空间。

他们之间是真爱吗?

双方结盟最初是基于彼此政治上的需要，罗马法律禁止二人结婚，不过克莱奥帕特拉似乎对恺撒非常忠诚，并且为他生了一个孩子。

结局怎么样?

古罗马历 3 月，恺撒遇刺身亡，俩人的爱情戛然而止。

马克·安东尼

罗马人，公元前 83 年至前 30 年

他们是怎样走到一起的?

安东尼召见克莱奥帕特拉，想看一看她是否依然遵守支持罗马帕提亚战争的诺言。据说在这次会面中，克莱奥帕特拉用她独特的魅力征服了安东尼，或许她运用的是与征服恺撒一样的方式。

他们之间是真爱吗?

二者的相爱可能出于政治原因，但是俩人生育了三个孩子，安东尼冒着失去一切的危险，也要和他的埃及女王在一起。

结局怎么样?

经过惨烈的亚克兴海战之后，安东尼误以为克莱奥帕特拉已死，于是自杀了。随即克莱奥帕特拉也自杀身亡。

这位年轻的公主聪颖过人，反应机敏，求知欲强。

克莱奥帕特拉看到，摄政委员会里都是一些野心勃勃的人，他们越俎代庖代替她的弟弟执政；同时克莱奥帕特拉自己也冷酷无情、急于夺权、精于算计，基于这些内外的因素，她将弟弟兼丈夫摒至幕后，自己成为埃及王国的唯一君主。这样的做法潜藏诸多危险，亚历山大城的臣子蜂拥而至，游说毫无主见的年幼国王，警告国王他的姐姐克莱奥帕特拉有单独执政的企图和危险。如果克莱奥帕特拉能够更耐心、更体贴一些，或许可以把她的弟弟培养成一个具有才干且能顺从己意的联合执政者，可能更有助于她的统治，而不是要将她驱逐出埃及。然而，那绝非托勒密家族处理问题的风格和方式，无论从哪个角度看，克莱奥帕特拉都是一个彻头彻尾的托勒密人——勇敢坚毅，野心勃勃，心狠手辣。克莱奥帕特拉将弟弟的头像从铸造的钱币上抹去，将其名字从官方文件中抹去。她擅长施展各种手腕，权力欲极强，且精明能干，是统治者的不二人选，在她的心目中，自己应该独拥埃及，不想与任何人分享。

克莱奥帕特拉野心勃勃，她开始着手招募军队，以助将来重登王位。

克莱奥帕特拉早年的统治面临重重挑战，埃及仍然在其父亲所欠巨额债务的泥淖中苦苦挣扎，而且尼罗河河水多年来泛滥，造成埃及境内农业歉收而引发大范围饥荒。克莱奥帕特拉感觉重担在肩，扩张迅速的罗马势力正在逼近，而埃及军队军力孱弱废弛。饥饿的农民如潮水般涌入城市，克莱奥帕特拉的声望急转直下，与此同时，她牺牲埃及利益取悦罗马的政策，让苦难的民众想起了她倍受鄙视的父亲托勒密十二世当年的所作所为。

处于政治动荡旋涡中的克莱奥帕特拉发现自己面对的是一个熟悉的对手，那就是她的弟弟，他在众多护卫者和摄政者的协助之下，回到了埃及，现在是一个残暴无情的国王，他打算让克莱奥帕特拉从埃及的国土上消失，从历史上消失。他将姐姐的名字从所有的官方文件中抹去，他要恢复自己的专制君主统治，在父亲托勒密十二世死后，他才是唯一的统治者。克莱奥帕特拉的声

誉和名望已经毁谤殆尽，这位失势的女王逃离了自己出生的城市，以免愤怒的暴民捣毁王宫对她实施伤害，这样可怕的命运已经多次降临到她那些贪婪的祖辈头上。

克莱奥帕特拉失去了埃及人民的支持，也失去了土地，但是她坚信自己是埃及的统治者，在少数忠诚追随者的陪伴下，她逃往叙利亚。克莱奥帕特拉对她的弟弟充满仇恨，对那些将她弟弟培养成她敌人的近侍顾问们更加痛恨，她并没有放弃野心，开始着手招募军队，以助将来重

解开五大谜团

她被卷在毯中偷送入宫

克莱奥帕特拉被卷在波斯地毯中，偷偷运入王宫。她秀发凌乱，红晕满颊，玉体横陈于恺撒脚下，这样的画面，来自希腊传记作家普鲁塔克的生花妙笔。但是，很难证明这件事情是否发生过，但看起来不太可能。作为全世界最有权力的男性之一，恺撒不会轻易让一个可疑的包裹进入自己的房间，即便真的如此，她也没有理由非在夜晚如此狼狈地面见恺撒。

她是红颜祸水

该观点认为，克莱奥帕特拉在不同的有权势的男人之间周旋施媚，水性杨花，将男人操纵于股掌之中。她孩子的生身父亲究竟是谁无法确认，这种说法是古代罗马官员对她的诽谤。事实上，证据表明克莱奥帕特拉曾经只跟两个男人有过关系，即尤里乌斯·恺撒和马克·安东尼。

她是埃及人

她是历史上最有名的埃及法老之一，但她并非埃及人，而是希腊人。她的家族姓是托勒密，托勒密是亚历山大大帝的将军之一，尽管他们家族在埃及已经生活了300多年，但她还是应该被视作希腊人。与祖辈们不一样，克莱奥帕特拉通晓埃及语，这的确相当罕见。

她戴着假胡须

埃及女王配戴假胡须的观念源于埃及人的信仰，奥西里斯神就有一个长胡须，他鼓励埃及法老要和他一样佩戴长胡须，从而使自己具有神性。不过到克莱奥帕特拉七世统治时期，这一传统已经被摒弃了，没有文献记载说她戴过假胡须，实际上唯一有记载戴过假胡须的女法老是哈特谢普苏特。

她被蛇咬而死

有很多人认同这种说法，因为有绘画作品展现了克莱奥帕特拉死去的时候，手里就握着一条蛇，蛇被置于胸口位置。但是，对这一事件的记录也存在一些疑问，主要是因为蝰蛇的毒性不会造成一个人迅速死亡，就像传说中克莱奥帕特拉死亡时那样，更可能的是她喝了毒酒。而且，蝰蛇咬了她的胸部的说法是不正确的，因为现存的古代资料都说蛇咬中了她的胳膊。

家族成员

跟随克莱奥帕特拉的族谱，去发现托勒密家族成员间的关系有多么密切……

埃及托勒密家族可以一直追溯至他们的祖先“拯救者”托勒密一世，他是亚历山大大帝麾下的一位希腊将军，公元前 323 年成为埃及的统治者。亚历山大死后，他的高级将领们将他的广袤帝国一一瓜分。托勒密家族完全不顾家族内部通婚的风险，在王族内部兄弟姐妹结婚成为一种风俗。这样做的目的是，方便从一出生就培养女儿日后适应女王的角色，把她们培养成让普罗大众仰视才见的精英阶级，一如众神一样，埃及的很多神就与自己的姐妹结婚。

1 “叔父娶侄女”亦可，因为克莱奥帕特拉三世的父母分别为托勒密八世的哥哥托勒密六世、姐姐克莱奥帕特拉二世。——译者注

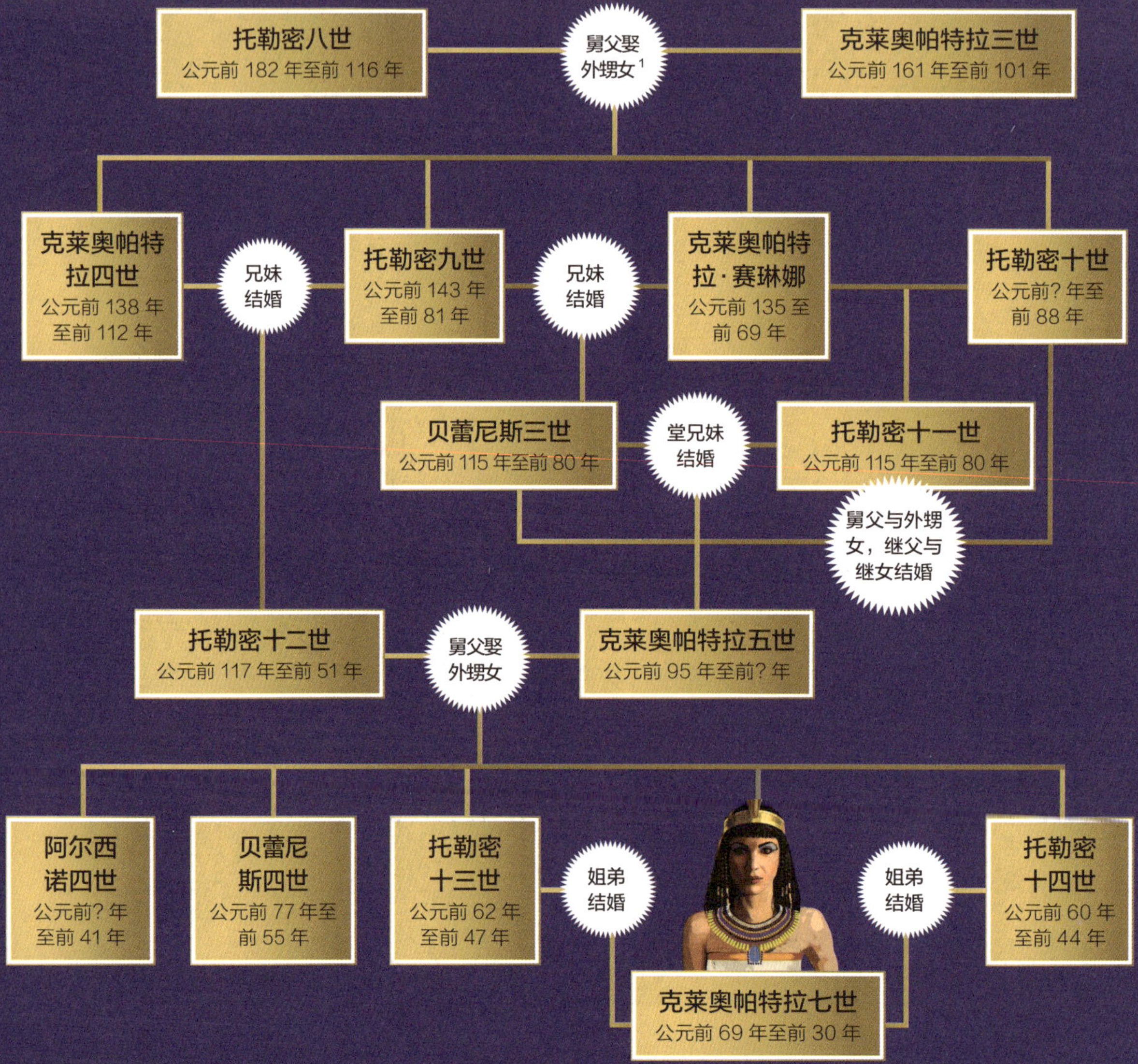

登王位。当这位女法老在叙利亚招募军队时，她的小弟弟差不多只有 13 岁大，正备受罗马内战迫切的困扰。罗马的军事将领庞培在法萨罗（Pharsalus）被恺撒击败，他逃到了自己以为能够安全避难的地方，也就是他的老盟友埃及。

庞培从大船上下来，上了一艘小渔船，来到岸边，他的妻子和孩子一直紧张地从远处看着他。埃及的小男孩法老托勒密十三世端坐在岸边的王座上，这是专门为这一场合特别设计的王座。他仔细地观察庞培，脸上充满了警惕，不形于色，他周围的士兵们高举双手、面带笑容，大声地呼喊："欢迎！指挥官！"直到渔船靠近岸边，庞培才发现这是一个陷阱，自己自投罗网。还没来得及大声呼喊，他就被一把利剑刺穿身体，后背也被匕首刺了很多刀，曾经权倾一时的执政官身首异处，尸身被扔进大海，而托勒密十三世一直未从王座上起身。欢迎仪式只是一个诡计，为恺撒杀死对手，比俘虏他更有意义。

▲ 银币上克莱奥帕特拉的头像表明她长着鹰钩鼻

四天之后，当恺撒到达亚历山大城港口的时候，人们把他对手庞培的头献给了他。但是，托勒密十三世的顾问们很快就意识到他们的错误，因为这位罗马将军完全让人感到震惊。在率领军队进入亚历山大城的王宫前，他在众人面前放声悲泣。他看到了当地民众的不满和内战的危险，这有可能让埃及分崩离析，他做出一个决定，他需要亚历山大城这个城市为自己提供税收的财富，增加税收的唯一途径就是确保这个城市的稳定，姐弟之间的权力之争必须结束，所以他召见了克莱奥帕特拉和托勒密十三世。对托勒密十三世来说，这很容易，他很快就赶赴亚历山大城，但对克莱奥帕特拉来说，她必须想方设法活着抵达这座城市。

因为港口被她弟弟的船只占据，克莱奥帕特拉只好从军队中悄悄溜走，乘坐一只小船在黑暗中沿海岸线潜行。乘坐这种小船偷偷潜行，与埃及法老托勒密女王的身份完全不配，但是要想取得胜利，就必须做出牺牲，她相信偷偷穿越的所有街道和水域很快都将属于自己。想要安全进入王宫区域是一个巨大的挑战，但是夜幕即将降临，一切即将开始，她将要面对这个世界上最有权力的男人。

她的弟弟托勒密十三世会卑躬屈膝，为恺撒除掉敌人，亲吻他的脚，以获取他的支持；但是托勒密十三世很快会感到惶恐不安，他渴望取悦罗马，但又害怕触怒罗马。托勒密十三世愚蠢至极。恺撒需要埃及，一如埃及需要恺撒一样，克莱奥帕特拉将抓住这一点为自己谋求好处。她不会跟着自己的弟弟鞠躬祈求，那天晚上她要与这位罗马将军直接对话。她溜进王宫，想方设法来到了恺撒的卧室。

这位罗马赫赫有名的"永恒的独裁者"俯视着面前这个小巧的女人，而她也瞬间发觉自己必须仰视。跟这位年轻大胆的埃及女王比起来，他显得苍老许多，不断后移的发际线再也遮挡不住衰老的痕迹。这位将军已经过了自己的壮年黄金时期，但是他刚刚取得了最伟大的胜利，这是克莱奥帕特拉第一次凝视这位全世界都尊崇的罗马名将，这也是他第一次面对克莱奥帕特拉。她的弟弟还是一个孩子，是受别人操控的傀儡法老，被那些贪腐的官员牵拉操控，但是克莱奥帕特拉身上散发着祖辈们赋予她的魅力、智慧和雄心。

她写了一本名为《化妆品》（*Cosmetics*）的书，这实际上是一本有关药剂的书，里面讲了一些病症例如脱发和头皮屑的治疗方法。

在弟弟沉睡梦乡的时候，她将窃取到恺撒和罗马的支持，在弟弟刀剑力不能及的地方，她将凭借自己的魅力取得胜利。

年轻的托勒密十三世第二天一觉醒来，没有想到他的姐姐竟然已经到达了王宫。等他发现克莱奥帕特拉不仅身处王宫，而且已经在一夜之间成功诱使恺撒倒向她一方的时候，他觉得自己失去了最后一根救命稻草。他绝望地呼喊着逃离王宫，扯下王冠，跪倒在地。克莱奥帕特拉的地位已经坚若磐石，就算人们聚集抗议，恺撒也不会丝毫动摇。姐弟两人将共同统治埃及，就像他们父亲希望的那样，罗马已经定鼎埃及统治格局。

表面的和平并未维系多久，托勒密十三世受到蛊惑而野心勃勃，决定和反叛的姐姐阿尔西诺四世（Arsinoe IV）联合起来决一死战。他们聚集的军队数目庞大，足以与克莱奥帕特拉和恺撒在埃及的罗马军队抗衡。在这场战争中，他们钟爱的埃及付出了惨痛的代价，公元前 48 年 12 月，著名的亚历山大城被付之一炬，成百上千的居民流离失所，举世闻名的亚历山大城图书馆被烧毁，图书馆里不计其数、价值连城的手稿遭到焚毁，恺撒的增援部队从帕加马（Pergamum）浩浩荡荡开入亚历山大城，托勒密十三世的军队最终惨败。这位年轻而鲁莽的国王，试图坐小船穿越尼罗河逃跑，但是因为穿戴的黄金铠甲过于厚重，船上过于拥挤，船只超重沉没，他最终溺毙尼罗河中。

一个托勒密死去了，但还有另一个托勒密活着。在托勒密十三世死后，托勒密十四世，也就是克莱奥帕特拉那个 13 岁的弟弟，立即成为她的丈夫，与她共治埃及。克莱奥帕特拉当时可能已经获得了恺撒的支持，但是传统依然要遵从，传统不允许由一个女人单独统治埃及。对恺撒来说，他已经跟埃及建立了可靠的伙伴关系，无论其意图和目的是什么，埃及已然纳入罗马治下。作为双方新盟的盛大展示，一队由埃及和罗马战船组成的舰队沿尼罗河而下，还有一艘豪华的王室平底大船，克莱奥帕特拉和恺撒一同端坐其上。

埃及和罗马联合了，但是克莱奥帕特拉发现自己仍然是和另一个托勒密共同执政，这个托勒密不可避免也会长大成人，成为一个擅使手腕、野心勃勃的人，她不允许有这样的兄弟存在，他会受到摄政顾问们的蛊惑，受他们驱使来反对自己。只要托勒密十四世还活着，她的统治就会受到威胁。克莱奥帕特拉与恺撒的结盟不单是政治上的相互支持，她怀孕了，并在公元前 47 年为恺撒生下一子。神是青睐她的，是个男孩儿，她给他取名恺撒里昂，意为“小恺撒”，现在她有了一个继承人。此后 3 年，克莱奥帕特拉不断紧固自己的王权，慢慢获得了那些曾经叫嚣着要砍掉她头颅的民众的爱戴。她带着儿子去罗马旅行，居住在恺撒的乡间别墅，有关孩子生父的谣言四起。对此，她几乎毫不理会，不做什么申辩和反驳；恺撒里昂是恺撒的潜在继承人，有这一点对一切来说就足够了。

公元前 44 年 3 月 15 日恺撒遇刺身亡，克莱奥帕特拉离开罗马，回到亚历山大城，如果说需要一个时间去做出反应，那就是现在。失去了强大的罗马爱人的陪伴，她需要一个联盟来确保她的统治，这个联盟不能背叛她。她知道自己的兄弟们无法信任。随后一年，托勒密十四世死去，他似乎是被毒死的。人们并没有觉得悲伤，埃及“托勒密们”的死亡，不管年龄多小都不足为奇。埃及人有一个新的法老替代他，那就是年幼的恺撒里昂。对克莱奥帕特拉来说，终于梦想成真，她带着幼子成为埃及实际上的统治者，埃及的权力尽收于己。

一个时代的终结

克莱奥帕特拉幸存的孩子被奥古斯都的姐姐奥克塔维亚收养，他们成为罗马公民，随后就湮没无闻了。埃及彼时是罗马的行省，归地方长官治理，希腊语仍然是官方语言，亚历山大城继续繁荣昌盛，在这座伟大的城市中，又陆续上演了一系列的宗教和军事冲突。

269 年，亚历山大城被另一位女性统治，巴尔米拉（Palmyra）的勇士女王芝诺比娅（Zenobia）征服了埃及，芝诺比娅是克莱奥帕特拉的崇拜者，她对自己憎恶的罗马仇敌大肆杀戮。她统治埃及一直到 274 年，后来被罗马皇帝奥勒留（Aurelian）俘虏为人质。命运的转折颇具讽刺意味，在奥勒留的罗马凯旋仪式中，这位桀骜的女王被拴上金锁链示众。

希腊罗马文化影响之下的埃及遗产留存至今。尼罗河畔建造的规模宏伟的神庙，现在依然可见，其中就包括丹德拉的哈索尔神庙（Temple of Hathor），神庙壁画展现了克莱奥帕特拉和恺撒里昂的很多精美图像。

在希腊罗马时期的很多木乃伊的肖像嵌板上，可以看到埃及文化和罗马文化的绝妙融合。在一些结合了传统埃及图像元素与罗马象征创作手法的绘画和雕刻艺术品中，我们能够清楚地看到这种对比。古代甚至更早时期的一些元素融合在了一起，这一点在罗马与埃及、安东尼与克莱奥帕特拉之间的紧密关系中尤为可见。

遗产

186

211

200

190

207

196

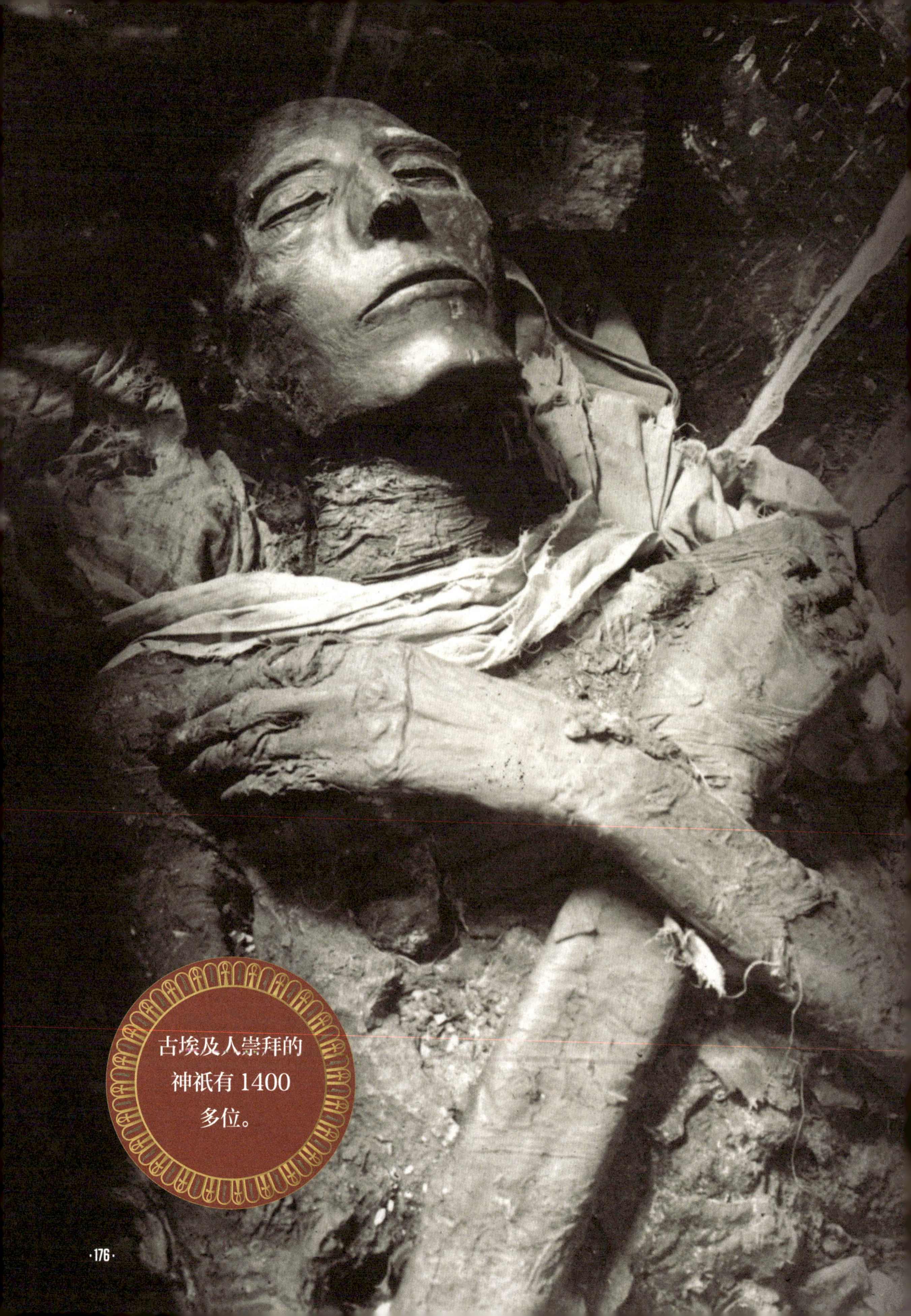

古埃及人崇拜的
神祇有 1400
多位。

死亡、丧葬与来世

埃及大地孕育了璀璨的文明，但是古埃及人相信，在死后世界的那片土地上，他们才会真正地重获新生

爱丽丝·弗朗西斯

在东部沙漠灼热的黄沙之下，埋藏着我们所知的世界上最伟大的一个文明的遗存。公元前 3 千纪到前 1 千纪期间，古埃及人在尼罗河岸繁荣发展，埃及帝国疆域北部远及今天的叙利亚，南部到达北苏丹的努比亚。

人们在这里过着富庶的生活，丰饶的土地促进了农业社会的繁荣发展，埃及人创造出了古代世界最先进的农耕技术。他们的建造工程无与伦比，他们用高耸宏伟的神庙和壮丽巍峨的金字塔改变了埃及的地平线。他们的军队无可匹敌，科学不断创新，他们的艺术创作为文艺复兴时期的大师们提供了蓝图。

不过，埃及人相信，他们在死亡中才能真正获得重生。埃及人对来世的信仰坚如磐石，但是要进入来世并非一帆风顺。亡者的灵魂，首先必须要穿过危机四伏的地下世界，通过争斗的神灵、怪兽、守门者，最后到达审判厅。在审判厅，灵魂会被带到 42 位审判神面前，要在他们面前证明自己有资格进入来世。如果成功通过审判，灵魂将会继续进入称心仪式的环节。心脏记录了亡者生前所做的好事和坏事，它要与玛阿特女神的羽毛称重比较。如果心脏的重量更沉一些，它就会被扔给鳄首怪物阿姆特（Ammut）吞噬，灵魂则被投入无边的黑暗之中。如果天平保持平衡，灵魂将继续前进到达灯心草之地（the Field of Rushes），那里是反映人间生活的天堂之地。

因为死后要面对诸多挑战，所以古埃及人在活着的时候会穷其一生为来世做准备。除了要避免犯罪外，还要购买随葬物品，准备棺材，建造坟墓，埃及很多墓葬修造得比活人住的房屋还要精美。

不过，埃及人在死后对尸体的处置是最能引发人们想象的，也是人们对古埃及文化一直痴迷的核心所在。

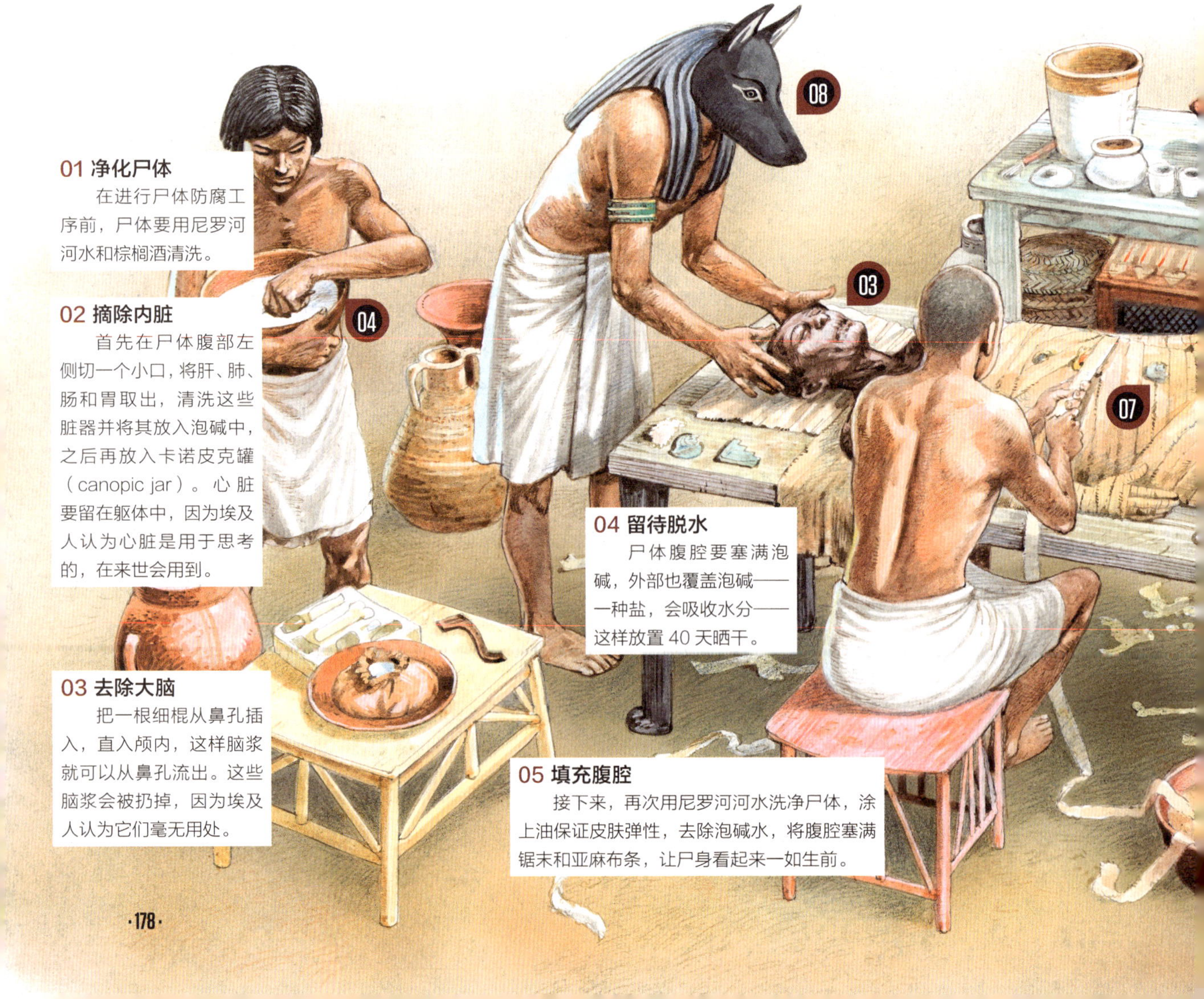

01 净化尸体

在进行尸体防腐工序前，尸体要用尼罗河河水和棕榈酒清洗。

02 摘除内脏

首先在尸体腹部左侧切一个小口，将肝、肺、肠和胃取出，清洗这些脏器并将其放入泡碱中，之后再放入卡诺皮克罐（canopic jar）。心脏要留在躯体中，因为埃及人认为心脏是用于思考的，在来世会用到。

03 去除大脑

把一根细棍从鼻孔插入，直入颅内，这样脑浆就可以从鼻孔流出。这些脑浆会被扔掉，因为埃及人认为它们毫无用处。

04 留待脱水

尸体腹腔要塞满泡碱，外部也覆盖泡碱——一种盐，会吸收水分——这样放置 40 天晒干。

05 填充腹腔

接下来，再次用尼罗河河水洗净尸体，涂上油保证皮肤弹性，去除泡碱水，将腹腔塞满锯末和亚麻布条，让尸身看起来一如生前。

木乃伊制作过程

尸体防腐过程充满了血腥的场面，但是却制作出了存续永恒的木乃伊

永生不仅是要保存亡者的灵魂，也要保存亡者的尸体，因为古埃及人相信人的灵魂（ba）和生命力（ka）要回到尸体当中。为了防止尸体腐坏，要对其进行一个冗长的木乃伊制作程序。历经千年成熟发达的木乃伊制作技术，让古埃及制作出了古代世界保存最完好的木乃伊，现在我们看到的木乃伊男女和孩童的脸庞，几乎与两千多年前一模一样。

埃及最早的木乃伊可以追溯到大约公元前 3500 年。在那之前，所有的人，无论其处于社会哪个阶层，死后都要葬在沙漠的坟墓中，尸体会通过脱水过程自然得到保存。以人工方法对尸

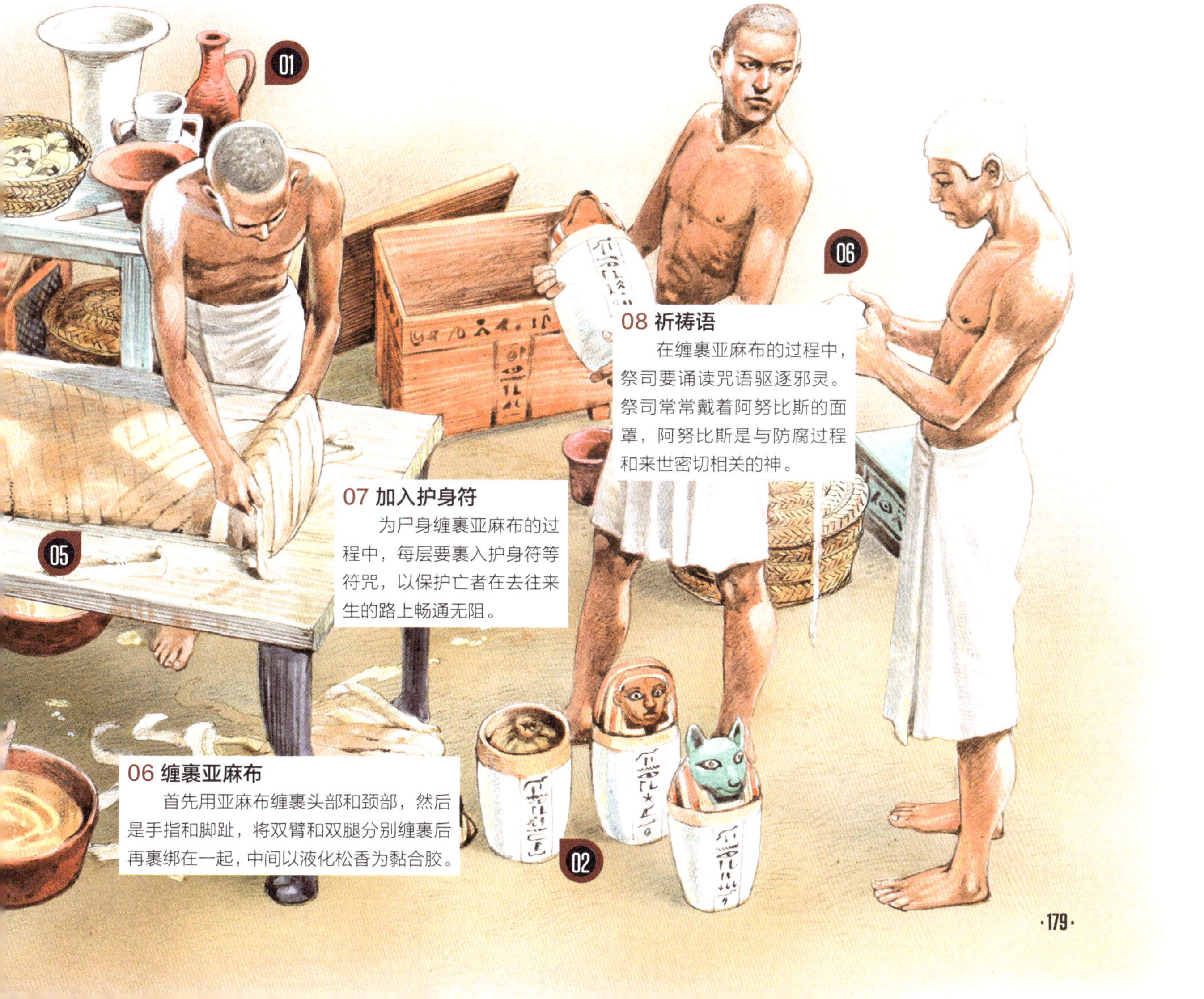

08 祈祷语

在缠裹亚麻布的过程中，祭司要诵读咒语驱逐邪灵。祭司常常戴着阿努比斯的面罩，阿努比斯是与防腐过程和来世密切相关的神。

07 加入护身符

为尸身缠裹亚麻布的过程中，每层要裹入护身符等符咒，以保护亡者在去往来生的路上畅通无阻。

06 缠裹亚麻布

首先用亚麻布缠裹头部和颈部，然后是手指和脚趾，将双臂和双腿分别缠裹后再裹绑在一起，中间以液化松香为黏合胶。

埃及防腐师护身符使用指南

这些护身符放在木乃伊裹尸布的每层中间，但是每个符咒的功能是什么呢？

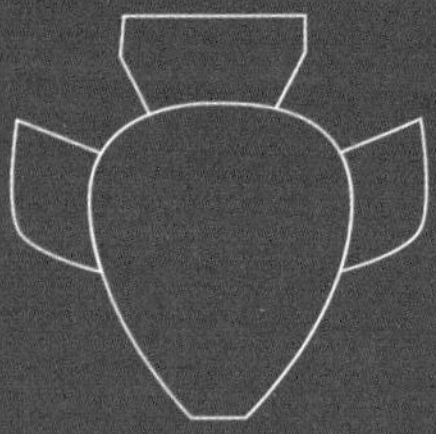

心形护身符

这种护身符用来保护心脏，埃及人认为心脏是最重要的器官。心脏护身符下面通常刻有《亡灵书》咒语，帮助灵魂在冥界顺利通行。

伊西斯之结

伊西斯之结通常被用作护身符，埃及人相信它们能够连结和释放魔力。这些结通常戴在颈部，据说能够保护佩戴者免受伤害。

杰德柱（Djed）

这种护身符代表了来世神奥西里斯的脊骨，它被紧紧包裹在木乃伊脊柱附近，让木乃伊在来世能够坐立起来，确保亡者重生。

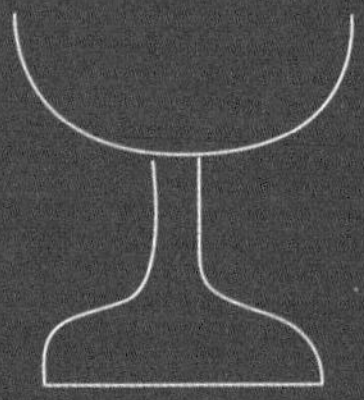

头枕护身符

根据《亡灵书》记载，如果把头枕护身符放在颈部下方，会让亡者身体舒适，还能防止他们被斩首。

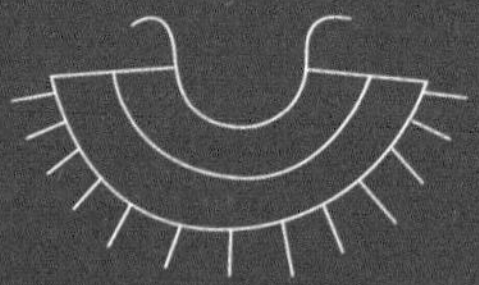

衣领护身符

衣领护身符被放置在木乃伊颈部下方，这样颈部可以在来世摆脱亚麻绷带的束缚。

纸草权杖

纸草植物代表了新生和重生，埃及人相信纸草会给亡者带来能量和活力，帮助他们抵御冥界各种恐怖的磨难。

双指护身符

双指护身符放在摘除内脏器官的切口附近，可能是为了让切口密封和愈合好，阻止邪灵侵入身体。

蛇护身符

蛇护身符可以放在身体任何部位，阻止灵魂进入冥界时被蛇咬噬。

青蛙护身符

青蛙护身符被认为具有生命与丰饶之神蛙首女神的能量，将青蛙护身符放在木乃伊上，有助于亡者回归生命。

体进行防腐处理后，尸体能够获得更好的保存，在墓葬中保持不腐。到大约公元前 1550 年左右，木乃伊的制作技术已经极为成熟，能够很好地保存尸体。通过这种方法，一些脏器被移除，肉身进行脱水，尸体被包裹在亚麻布中。这样的工序需要 70 天的时间，费用昂贵，只有富人才能负担得起。普通人只能采用另一种尸体保存方法，即用松树脂将内脏器官液化，通过直肠将它们排出，然后将尸体放进含盐的泡碱当中，对尸体进行脱水。

> **当一只宠物猫死后，全家人会刮光自己的眉毛表示哀痛。**

尸体防腐过程在红地（the Red Land）上进行，这是一片远离人口密集区的沙漠地带，距离尼罗河不远。人死之后，尸体会被带到伊布（Ibu）或称作“净化之地”（Place of Purification）的地方，在那里用尼罗河河水清洗干净。之后被运到佩尔奈弗尔（per-nefer），或称作“木乃伊制作之屋”，这是一个通风良好的开放式帐篷。里面摆放一张桌子，由防腐师对尸体进行处理。这些防腐师都是技术高超的匠人，积累了丰富的人体解剖学知识，手法老练。他们通常也是祭司，为亡者举行宗教仪式也是防腐过程中非常重要的一部分。经验丰富的祭司负责木乃伊制作的大部分工序，例如包裹尸体等，在这期间他们会头戴豺狼面具。这表明了阿努比斯神在木乃伊制作过程中的地位，他是尸体防腐和来世之神。

动物木乃伊

古埃及人相信，许多神祇是以动物的外形生活在大地上。阿蒙神采取的是公羊的形象，托特神是朱鹭或者狒狒的形象，巴斯特女神是猫的形象。这些动物都被像神一样对待，它们死后也像人一样被制成木乃伊。在公元前 661 年至前 332 年，动物木乃伊已进行商业制作，作为祭品售卖。X 射线检查表明，饲养这些动物明显是用作祭品，有一些是被故意杀死的。留存下来的许多动物木乃伊都只有小块的碎骨，或者完全是中空的，说明这些神圣物品在古埃及当时供不应求。

丧葬

古埃及人的安息之地，可能与他们活着的时候一样应有尽有

富裕的埃及人在生前就开始建造奢侈的坟墓，并在坟墓中放好能在来世保护和帮助他们生活的随葬品。随葬品的范围，从简单的物品例如碗、梳、衣物，到战车、家具、武器和珠宝，应有尽有。在古埃及墓葬中发现的珠宝都价值不菲，这表明地位的标志在来世一样重要。坟墓中也要储放一些食物，填埋墓葬后它们可以作为祭品为生命力提供能量，生命力是构成人类灵魂的五要素之一。墓室墙壁上雕刻的食物，也是为亡者提供的营养物品。

入葬那天，亡者即从生的世界去往死的世界。无论穷人还是富人，都要举行一个葬礼仪式，这是保证亡者灵魂进入来世的必要程序。王室成员和富人的葬礼比较复杂，下葬过程中会有一队送葬者和跳舞者伴随棺材进入墓室，墓室或位于地下，或在马斯塔巴中，或在金字塔中。同时出

▼国王谷一座墓葬中的石棺

▼托勒密时期的一位男性木乃伊

场的还有两个被称为“哭丧妇”的女人，她们的工作就是当众放声恸哭，引领别人像她们一样恸哭。为亡者进行哀悼，可以确保他们进入来世，参加葬礼的人表现出极大的悲伤，也被认为有助于亡者顺利通过审判厅。

到达墓地后，祭司会举行开口仪式（the Opening of the Mouth ceremony）。木乃伊被向上竖直撑起，祭司开始念诵咒语，用刀片抵在亡者嘴部（让亡者能够呼吸、吃饭、喝水）、眼睛（让亡者能够看到）、四肢（让亡者能够移动）等部位。人们会献祭食物和礼物，以帮助亡者的灵魂在来世生活无虞，然后还会举行葬礼宴饮活动。最后，人们将棺材放至墓中，王室成员的木乃伊会放在石棺里。石棺的用处意在提供一层额外的保护，以防止盗墓者侵扰，因为在尼罗河谷盗墓贼比较常见。接下来，祭司诵读咒语和祷词，之后将墓室封闭，永远不再开启，或者说他们希望如此。

墓葬中随葬有来世生活所需要的各种物品，包括便桶。

沙卜泰（Shabtai）

这些小雕像与亡者一同埋葬，古埃及人认为这些小雕像在来世可以充当仆人。雕像通常由木头、黏土或者石头制成，尺寸通常非常小，稍早时期也发现了与真人一样大小的模型。许多小雕像是荷锄挎篮的形象，因为古埃及人相信在来世他们会分到一块田地，自己要去耕种来维持生活。仅仅在塔哈尔卡（Taharqa）法老的墓葬中就发现了1000多个小雕像，这种雕像是埃及最常见的一类艺术品。

层层包裹的木乃伊

死后被制成木乃伊还不能直接进入永生。尸体要被放进几个椁套和棺材中，有时多达 8 层棺椁，这样亡者才能获得安息

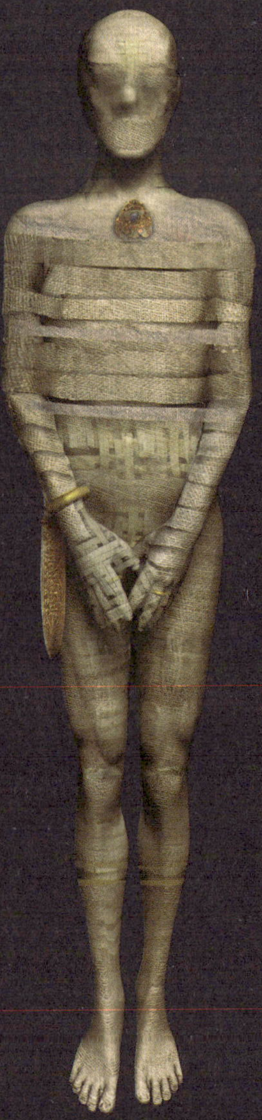

01 **来世用品**

尸身用层层亚麻布缠裹后，一些物件例如珠宝和匕首会放在木乃伊身上以备来世使用。圣甲虫护身符戴在颈部，能在称心仪式中帮助和指导灵魂通过检验。

02 **木乃伊封套**

木乃伊处理完毕后，人们会制造一个木乃伊封套。先用干草和泥巴做人形内芯，然后用经松香或动物油脂浸泡过的石膏与亚麻布即有些类似混凝纸浆的绷带敷上。固定晾干后，砸开封套取出内芯填充物，将尸体放入。

▲ 1922 年发现的图坦卡蒙陵墓内景

▲ 尼托克里斯（Nitocris）的石棺

03 封套绘饰

再加一层木乃伊封套，表面涂上一层石膏或者用松香和白垩岩粉制成的石膏粉。然后，用靛蓝、茜草和赭石等天然颜料为木乃伊封套绘制复杂的装饰图案，最常见的图案是冥神奥西里斯的审判。

04 木棺

亡者的尸体放入人形木棺。王室成员的棺材可能用金箔绘饰，用珍贵宝石装点。用木头或者贵金属制成死亡面具，就放在木乃伊的头部，确保死后灵魂能够认出自己的身体。

盗墓者

古埃及几乎每一座墓葬都被盗掘过，但并非每次盗掘都能侥幸成功

大卫·史密斯（David Smith）

▲ 拉美西斯二世的木乃伊得以留存，是因为这具木乃伊从初葬地被迁走了

盗墓行为在古埃及非常常见，目前发掘的墓葬中几乎没有几座没有被系统盗掘过。一般认为，盗墓活动早在公元前 3150 年左右的早王朝时期就已经出现了，或者说盗墓规模之大就已经引发关注成为一个问题了。当时墓室的设计主要是为了防止日后可能出现的盗掘。起初，只是用砾石、岩块和木横梁堵塞墓室入口通道，后来变为错综复杂的通道设计，但并未设置陷阱机关，可以说为保护王室和贵族安息之地不受打扰，各种努力都尝试了。

不过，这些努力都是流于徒劳，墓壁和墓门刻画诅咒也同样无效。即使设计程度最复杂的吉萨大金字塔也是难逃厄运。几乎所有金字塔考古发掘所见都是墓室空空，珠宝、棺椁甚至木乃伊本身早就不见踪影了。

解决盗墓问题之所以缺乏有效的方案，其中有些原因让人颇感讶异。在人们的想象中，盗墓者通常都是一些行为鬼祟、不择手段之人，他们会拿着火炬，冒着生命

危险进入危机四伏的墓道，然而现实却不会这么惊险刺激。在古埃及，盗墓是一个毫无刺激、平淡无奇的行为，国家对盗墓行为通常已经见怪不怪，无意深究了。

根据埃及学家们的研究发现，大多数墓葬都是在墓室封闭几周后即遭盗掘。有时候，甚至墓主还未下葬就被盗掘了。盗掘活动的后果基本上是灾难性的，盗墓贼会故意毁掉那些对自己来说毫无价值的东西。他们随意破坏木乃伊，将木乃伊拆解开，寻找里面缠裹的珍贵珠宝，然后放火烧掉木乃伊防止其作祟。奇怪的是，在古埃及人的日常观念中，迷信思想是根深蒂固的，但是这并没有阻碍他们去亵渎国王和贵族们的墓葬。破坏亡者的木乃伊，这绝非小事，意味着墓葬主人永远都不可能到达来世永生世界了。

▲ 图坦卡蒙国王墓葬如果不是意外被掩埋，这个华丽的金面罩也不会流传于世

从公元前 1570 年左右的埃及新王国时期开始，贵族们采取了一些举措防止盗墓行为的发生。阿蒙霍特普一世提出一个绝佳的建议，他下令在沙漠中修建墓室，这样盗墓贼就很难到达。他选择的地点，就是众所周知的国王谷和女王谷，他建造了一处名为德尔麦迪那的村庄，留给修建陵墓的工人居住。工人们依靠修陵造墓谋生，他们会保持忠诚，阻止其他人的盗墓。这一说法听起来合情合理。然而，盗墓贼实际上往往就是这些工人，他们知道墓葬的地点、陵墓的建造过程、陵墓设计采取的安全措施，这些都是至关重要的信息，工人们对此了如指掌。

德尔麦迪那村位于尼罗河西岸，与现代的卢克索隔河相望。

盗墓者们不见得会找到惊世财宝。在拉美西斯三世统治时期，建造陵墓的工人们曾经因缺食少水而罢工，这可能是历史上第一次罢工，同时也导致盗墓事件数量激增。实际上人们也只不过是想找一

▲ 浮雕刻画的是一个盗墓贼在盗墓过程中，被守卫及其训练有素的狒狒当场抓获

种途径填饱自己和家人的肚子而已。陵墓无人值守时，那些有价值的材料通常很容易被偷走，穷苦之人和社会底层之人，只是将那些墓葬看成一个自动提款机，日子难捱时就频繁去盗墓。

在当时，搬运大量黄金和贵重宝石是很困难的，所以许多盗墓行为都是成规模的。新王国时埃及还没有货币体系，所以盗掘的赃物只能兑换成其他物品。木料通常很受欢迎，特别是在第二十王朝末期，当时埃及国力衰退，很难进口到高质量的木材。盗墓者们会拆掉陵墓中的地板和门板，这些有用的木料很容易转为他用。拉美西斯二世墓室中的很多地板都被拆卸盗走了，不过他的木乃伊此前已被挪走得到了很好的保存。考古学家对某些棺木进行碳 14 测年后发现，有的木棺所用的木板属于不同的年代，这说明一些棺板来自早期墓葬，被后来者们“循环使用”。

盗墓者往往就是建造这些陵墓的工人。

埃及人对类似稀有木料这种物品的循环使用，常常是基于不同的原因。每当一个地位显赫的贵族死去，都会使用和随葬数量惊人的各类物品，这对国家财富来说是一种流失，那么后来之人让这些财富以“盗墓”这样的一种方式重回现世，也算合乎情理。现世法老为了装饰自己的陵墓，默许了人们对早期陵墓的盗掘行为。

不过，虽然盗墓频繁发生，但并不意味着这是一个没有危险的行当。从保留下来的盗墓贼审判记录可以清楚地看到，古埃及对盗墓行为的惩罚应该还是很重的，从普通的打盗墓者的脚底板到割掉鼻子或者砍掉双手，以及最严厉的处以死刑，都能在文献中见到。

尽管如此，盗墓贼们对自己盗墓的行为态度

却是云淡风轻，这点我们可以从一个盗墓贼坦承交代的记录文献中略知一二。大约在公元前1110年，一个名为阿蒙帕努佛（Amenpanufe）的石匠在实施盗墓时被抓住，他的供词表现出他对自己的盗墓行为丝毫不以为意，“我们去盗墓了，这种事情我们经常做。”他还说，“我们进到索贝克穆沙夫（Sobekemsaf）国王的陵墓……在这位神的木乃伊上找到了黄金，我们拿走了金子，还有他脖子上的护身符和珠宝，然后烧掉了那些木乃伊棺。”

阿蒙帕努佛似乎通过贿赂逃脱了惩罚，他宣称后来盗墓团伙的其他成员补偿了他的贿赂花费。在那之后，他继续从事盗墓活动。

保存最好的图坦卡蒙墓，让我们清楚看到一座墓葬留存下来未被盗掘是多么罕见。虽然图坦卡蒙墓早期被盗掘过两次，但是修建拉美西斯六世陵墓的工人们偶然将图坦卡蒙的墓彻底掩埋了。正是这一偶然，让图坦卡蒙国王的陵墓免遭被彻底盗掘的厄运。

► 国王谷附近的德尔麦迪那村遗址

▼ 金字塔让后来的盗墓者们更容易找到盗掘的目标

法老们的建筑成就

法老们为了展示自己的财富、权力和先进的建筑技术，
建造了这些伟大的工程，这些建筑时至今日依然让参观者叹为观止

维多利亚·威廉（Victoria Williams）

金字塔和斯芬克斯让埃及蜚声内外，但是，古埃及文明的建筑成就远远不限于此。奴隶们借助斜坡原理和杠杆工具修建了古埃及有史以来最大的宫殿、纪念碑和墓葬建筑。古埃及历史绵延三千年，历经 170 多位法老的统治，他们的建筑和装饰风格迥异。我们知道，一些法老会拆除

或者挪移前任国王的建筑以获取材料，来达成自己建造宏伟工程的理想。

埃及缺乏木材，大多数建筑都是用泥砖和石灰石建造而成的，泥砖和石灰石这些材料在埃及本土很容易获得。当地矿场也会开采、运输花岗岩和砂岩石材，用来修建神庙和墓葬建筑。当时的大多数建筑师都青睐门柱门梁建筑模式，用厚重且常常装饰繁缛的柱子支撑房顶水平结构。留存下来的古埃及泥砖建筑寥寥无几，但是，人们认为神庙和金字塔一类石质建筑的某些设计灵感，即源自这些更为简朴的泥质建筑，其稳定性都是依靠坡度较小的墙壁支撑实现的。

在第二王朝时期，古埃及出现了石质建筑物和方尖碑。方尖碑常常成对竖立，尖指天空，古埃及人相信，在世界各处的神灵王国，都存在着这样成对放置的方尖碑。这些方尖碑通常由整块巨石雕刻而成，古埃及人运用聪明智慧，借助尼罗河水路和陆路运输这些沉重的石料。随着拱顶结构的出现，第四王朝的纪念碑建筑变得更为复杂，因为拱顶结构让设计别致入口和通道成为可能。

古埃及人测量和记录天体运行和天文大事，宗教建筑的设计与春分、秋分、冬至、夏至相匹配。人们相信法老们在死后也会成为星辰，所以他们的墓葬通常朝向某些星辰。古埃及人详细的文字记录体系，让我们能够一览他们的设计、规划和各种说明，一些新建筑的设计也可以参照以前成功的范例。

这座金字塔被认为是埃及最古老的巨石建筑

佐塞金字塔

佐塞金字塔坐落在孟斐斯城的西北部，通常被称为阶梯金字塔。法老佐塞属于古王国时期，他大约在公元前 27 世纪的某一时期登上王位，大臣伊姆霍特普为他设计和建造了这种金字塔陵墓。法老佐塞的石灰石雕像曾经伫立在陵墓之前，这是目前已知古埃及最古老的真人等身雕像。这座雕像现藏于开罗埃及博物馆。佐塞在建造自己的安息之地时，采取的设计风格与以往不同，他修建了第一座大型石建筑，为后来真正金字塔的出现铺就了道路。

这座拥有七层台阶的金字塔，曾经位于墓葬建筑群的中央庭院位置，其通高 62.5 米，外层覆以石灰石块。阶梯墓葬和神庙这种有时被称作原始金字塔的建筑，在世界各地都有发现，包括在墨西哥、撒丁岛（Sardinia）和伊朗。佐塞金字塔除最顶层外，每一层都是一个马斯塔巴，所谓马斯塔巴是一种长方形、顶部扁平的早期墓葬形式。第三王朝时期的这些阶梯建筑的重要意义目前还不清楚，不过人们推测金字塔的这种形状可能象征了法老的王冠，或者是有助于法老在死后到达北极星。

▲ 佐塞金字塔，为法老及其家人建造的墓室

在金字塔肉眼可见的外观之下，进入内部我们可以看到，在分成不同层级的马斯塔巴下面，有一系列的墓室、长廊和通道，它们连接起来绵延约有 6 千米，核心墓室深达 28 米。这一地下空间是埋葬法老及其家人的遗体之处，也是储藏供奉神祇的祭品之处。佐塞的木乃伊一直未被发现，这座金字塔曾经遭到盗墓贼的劫掠，墓中物品几乎所剩无存。

▲ 阶梯金字塔建筑群由柱廊、庭院、墓葬和围墙构成

哈特谢普苏特神庙

哈特谢普苏特神庙位于尼罗河西部的德尔巴赫里，这座神庙被许多人认为是古代埃及祭庙中最美丽的一座。尽管神庙现在看起来光秃秃的，背后的崖壁和高山也很荒凉，但是神庙初建之时，带有廊柱的平台是一座种满异域奇花异草的大花园，臣属和崇拜者们常出入斜坡梯道之上。

古埃及人在设计建造这座神庙时，考虑到冬至这一天，阳光能够直射照到圣所的墙壁以及内殿门两侧的奥西里斯雕像之上。光箱将额外的光线投到阿蒙神和哈比神的雕像上，以及最里面的圣所当中。

哈特谢普苏特女王是古埃及第二位得到证实的女性法老，这座神庙内部的雕刻讲述了她神圣出身的故事。斯芬克斯大道、两座奥西里斯雕像以及诸多展现女王特点的建筑，让整座建筑熠熠生辉，不过，神庙的大部分建筑在其继子图特摩斯三世的命令之下，遭到损毁，或者被盗墓者洗劫。

哈特谢普苏特神庙位于蒙图霍特普二世神庙附近，是参考后者这一早期建筑修建而成的

哈特谢普苏特神庙经过大规模的修缮，得以重现往昔的荣光

卡纳克

古埃及人称卡纳克神庙建筑群为伊佩特 - 伊苏特（Ipet-Isut），即“最神圣之地”，它一度包括卢克索附近的区域。留存至今的建筑大多数修建于新王国时期，当时的首都是底比斯。卡纳克神庙的修建，始于中王国时期的法老辛努赛尔特（Senusret，约公元前 1971 年至前 1926 年）统治时期，前后持续了将近两千年的时间。在此期间，大约有 30 位法老对其进行了扩建，因此这座神庙的建筑风格包罗万象，但独树一帜。

卡纳克神庙建筑遗址面积广大，占地 5000 平方米，其多柱式建筑巨柱厅（the Great Hypostyle Hall）由 134 根圆柱支撑，是世界宗教建筑中空间最大的屋宇。其中的 122 根石柱高 10 米，其他 12 根石柱高度接近 24 米。这一大型建筑群可以容纳成千上万人来祭拜底比斯三神（Theban Triad）：阿蒙神、穆特神和孔苏神（Khonsu）。每位神祇在此都有属于自己的界域，法老阿蒙霍特普四世也曾一度如此。为了突显三神中的主神阿蒙的地位，其界域占地最大，其中包括一些大型雕像和一处圣湖。

在漫长的历史发展过程中，卡纳克神庙建筑群的布局有所变化，一些建筑被增建、拆除、改建或者用作他途。在卡纳克神庙遗址，游客们还能看到一些圣所、神庙、廊柱、方尖碑和雕像，人们对此并不陌生，很多视频游戏和电影对卡纳克神庙遗址的展现厥功至伟。不过，目前只有阿蒙神的界域，作为卡纳克神庙露天博物馆（the Karnak Open Air Museum）的一部分向公众开放。

▲ 在古代埃及，卡纳克神庙是祭祀底比斯三神的主要神庙

▲ 卡纳克神庙是除金字塔之外埃及最受欢迎的景点

► 卡纳克阿蒙神庙的雕刻拱门

门农巨像

门农巨像高达 20 米，是底比斯大墓葬群中最引人瞩目的建筑。这对巨大的双子石像建于公元前 1350 年左右，参照了第十八王朝法老阿蒙霍特普三世的形象，高大的坐像面向东方凝视着尼罗河的方向。王座正面部分雕刻了两个小雕像，分别是法老的母亲和妻子。

制作雕像用的石英岩砂岩，是从近 700 千米外的采石场经陆路运输过来的，可能是石料太重，难以使用尼罗河水路。建造这些巨像的目的是为了护卫法老的祭庙，阿蒙霍特普三世无论在位期间还是死后都被视为神，埃及人要在祭庙中对其进行祭拜。

底比斯大墓葬建筑群是当时整个埃及规模最大、气势最宏伟的建筑群，占地面积 0.348 平方千米。时至今日，这一规模庞大的建筑群仅剩下门农巨像。公元前 1200 年左右的一次地震摧毁了这片建筑群，大约在公元前 27 年这里再次发生地震，人们不得不重建巨像。尼罗河一年一度的泛滥，逐渐侵蚀了建筑物的地基，此外很可能是阿蒙霍特普三世之后的法老们将这里的建筑材料陆续搬走了，用来建造自己的伟大工程。

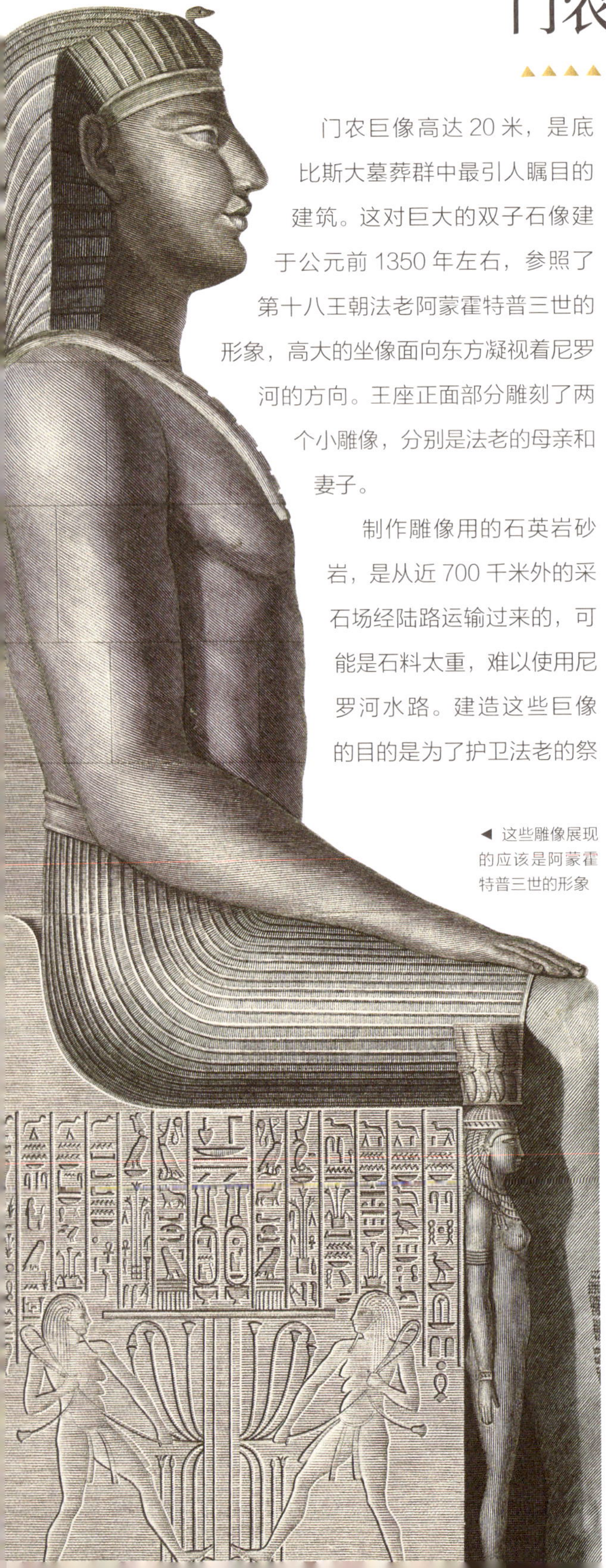

◀ 这些雕像展现的应该是阿蒙霍特普三世的形象

▲ 时至今日，神庙建筑群留存下来的唯有这对巨像

▶ 这些雕像以冥界之神奥西里斯的样貌展现了法老的形象，不过它们的头部都不见了

拉美西姆

在所有的法老中，拉美西斯二世统治年限最长，在位时间 66 年，他建造的神庙数量也最多，古埃及历史上任何一位法老都无法与其比拟。拉美西斯二世最伟大的工程是建造了他的祭庙拉美西姆。这座祭庙位于底比斯大墓葬群之中，花费 20 年的时间才建造完成。神庙的现代名字源自 1829 年，当时法国学者让 - 弗朗索瓦 · 商博良（Jean-François Champollion）率先破解了墙壁上指代拉美西斯二世名字的象形文字。

根据祭庙的建筑传统，两座拉美西斯二世巨像凝视着墓葬建筑。拉美西斯二世取得的伟大胜利、他的子嗣以及他一生对诸神的虔敬之心，都被生动地刻画在墙壁和塔门之上。在这里，崇拜者们将拉美西斯二世当作世间的神来崇拜。一些规模较小的神庙，包括祭献母亲和正妻的神庙、纪念父亲塞提一世的神庙等，都围绕在这座主要纪念建筑的周围，此外还有焙烤房、厨房、储存室以及围绕整个建筑群的泥墙。

拉美西姆建在尼罗河冲积平原的边缘区域，建筑的许多部分受到水流的冲刷破坏。在 1818 年，人们借助意大利工程师纪梵尼 · 贝尔佐尼（Giovanni Belzoni）发明的液压机，将一座雕像的花岗岩头像部分拆卸运到英国。今天，我们能在大英博物馆看到这个头像。

卢克索神庙

卢克索神庙距离卡纳克神庙并不远，这两座宏伟的纪念碑式建筑以及（曾被称为底比斯的）卢克索内的其他遗址，让这座城市获得了“世界最宏伟露天博物馆”的美称。卢克索神庙是献给底比斯三神的，人们认为新国王是在这里登基加冕的。

▼ 卢克索神庙入口的两侧均有塔门，其中一座塔门被搬到了巴黎

建造卢克索神庙使用的砂岩来自努比亚，采石场沿尼罗河岸距离卢克索 150 千米。阿蒙霍特普三世建造了最初的阳光庭院、塔门、方尖碑、雕像和圣所，后来由图坦卡蒙和拉美西斯二世继续建造。卢克索神庙是底比斯奥佩特节（The Opet Festival）活动的终点，奥佩特节是每年都要举行的庆典活动，在庆典中卡纳克神庙底比斯三神雕像的游行队伍会穿过连接两大神庙的斯芬克斯大道，此外还有法老的重新加冕仪式。

中世纪时期，卢克索的居民在神庙之上和周围增添了一系列建筑，这座遗址四分之三的区域都被巨大的碎石堆占据了。1884 年，法国埃及学家伽斯通 · 马斯佩罗（Gaston Maspero）对这里进行了考古发掘，发掘活动一直持续到 20 世纪。拆除包括塔楼、小房屋以及堡垒营房在内的一些后期建筑后，神庙真容得以再现。

▼ 卢克索神庙曾经掩藏在成堆的砾石和新建筑之下，现在它熠熠生辉屹立于尼罗河东岸

阿布辛贝勒大神庙献祭的对象是阿蒙拉神、拉·霍拉胡提神、普塔神以及神化的拉美西斯二世

阿布辛贝勒

阿布辛贝勒建在尼罗河西岸坚固的石山上，包括两座神庙。神庙入口处矗立着这位法老和王后奈菲尔塔利的巨型石雕像，王后雕像的尺寸与法老雕像的尺寸相当，这种情况在古埃及是极为罕见的。

两座神庙中规模较大的神庙，历经 20 年修建而成。在这座神庙的内部，巨大的内殿采用了石柱结构进行支撑，周围饰以王后和诸神的形象。

拉美西斯二世下令建造阿布辛贝勒神庙，目的是纪念自己的统治、崇拜太阳神阿蒙拉和拉·霍拉胡提神（Re-Horakhty），后者是阿蒙神和荷鲁斯神与拉神的结合体。神庙的内殿呈一条直线，这样一年当中，有两天阳光可以穿过幽暗的长廊直射内殿深处的众神雕像之上。这两天的日期为 2 月 22 日、10 月 22 日，据说这两个日期分别是拉美西斯二世登上王位的时间和他的生日。

阿布辛贝勒神庙位置偏僻，长久废弃后即被沙石逐渐掩埋，消失了几百年。1813 年让 - 路易·布克哈特（Jean-Louis Burckhardt）重新发现了这座神庙，1817 年探险家们发现了通往一个内殿的入口。1959 年，埃及政府决定将神庙搬迁，因为尼罗河水位上升会将其毁掉。从 1964 年开始，埃及耗费 4000 万美元，耗时 4 年时间，将阿布辛贝勒神庙整体迁移到距离尼罗河 200 米远的高地位置。

大神庙入口的两侧矗立着高 20 米的巨型雕像

阿蒙拉神的诅咒

“泰坦尼克”号的沉没，是因为冰山还是木乃伊的诅咒？

凯瑟琳·柯曾

1912 年 4 月 15 日清晨，巨型豪华邮轮“泰坦尼克”号沉入大西洋冰冷的海水之中，1500 多名乘客葬身大海。有些人相信，这艘命中注定成为一个传奇的邮轮，它的沉没并不是由于撞上了冰山，而是缘于报复心极强的阿蒙拉公主（Princess Amen-Ra）木乃伊的诅咒。那么，阿蒙拉公主是谁，她又是如何成为“泰坦尼克”号传说的一部分呢？

据说，阿蒙拉公主生活在公元前 1500 年左右，死后安息在卢克索，她的木乃伊放在一具彩色的木棺当中。在 19 世纪 80 年代晚期，这具木棺及其中的遗物被兜售给了一些英国游客，这些游客们抽签决定由谁来购买。抽签胜出之人是托马斯·道格拉斯·莫雷（Thomas Douglas Murray），不

◀ 木乃伊彩木棺并未随“泰坦尼克”号沉入大海，它就陈列在大英博物馆

过在拿到这具木棺后仅仅几个小时，莫雷就在一场射击意外中失去一只胳膊。他让人将木乃伊送回伦敦，在接下来的一年里，有好几位参与其中的人死亡，莫雷的未婚妻也离开了他，各种悲惨和不幸陆续降临到接触过这具木乃伊木棺的摄影师和游客们身上。当著名的灵媒布拉瓦斯基夫人（Madame Blavatsky）宣称这是诅咒时，莫雷听从了朋友亚瑟·惠勒（Arthur Wheeler）的建议，将木棺及其中遗物捐给了大英博物馆。

这具木棺一到，博物馆的工作人员就陆续受伤甚至死亡，《每日邮报》的记者伯特兰·弗莱彻·罗宾森（Bertram Fletcher Robinson）对此展开了调查。但是，罗宾森很快就生病去世，年仅 36 岁。出事的人越来越多，大英博物馆可能秘密地卖掉了木乃伊，只留下了彩色的“木乃伊棺”。根据传言所说，阿蒙拉公主的木乃伊被装上“泰坦尼克”号，运往纽约一位收藏家的手中。

但是，这个让人心惊胆战的故事并不属实。在“泰坦尼克”号遇难时，一位名叫威廉·托马斯·斯泰德（William Thomas Stead）的记者给同船的乘客讲述了一个恐怖的故事，他是一个著名的报纸编辑，喜欢调查研究，也坚信灵异之说。斯泰德后来随同“泰坦尼克”号葬身大海。他曾讲述的恐怖故事，就包括被诅咒的木乃伊的故事。在他的听众当中，有一

阿蒙拉公主木乃伊棺的装饰图案用红、蓝、浅绿和深绿色颜料精心绘制而成。

▲ 一个多世纪以来，“泰坦尼克”号因木乃伊诅咒而沉没的故事一直在流传

▲ 人们对阿蒙拉公主趋之若鹜，她的故事早在 1909 年时就已经闻名世界

▲ “泰坦尼克”号海难的遇难者斯泰德，他给同船乘客讲述了被诅咒的木乃伊的故事

个叫弗雷德里克·金伯·苏厄德（Frederick Kimber Seward）的人，他是一位律师，在此次海难中幸存下来。他回到纽约之后，跟别人分享了有关斯泰德的描述以及木乃伊的故事。在陆续与人分享这些故事的时候，他不断添油加醋，说阿蒙拉公主的木乃伊就放在“泰坦尼克”号的货仓里，是这个公主的诅咒导致了“泰坦尼克”号的沉没和人们的灾难。

实际上，真实情况并没有那么多的戏剧性。木乃伊彩棺——而非真正的木乃伊——的所有者是沃里克·亨特夫人（Mrs Warwick Hunt），也就是亚瑟·惠勒的妹妹，莫雷正是通过惠勒在 1890 年第一次接触到这具木棺。据推测，亨特夫人命运多舛，曾遭遇各种不幸，当时有一个一具木乃伊在郊区画室砸碎陶器的故事传播很广，报纸刊登后轰动一时。于是她也怀疑自己的不幸是不是与这具木乃伊彩棺有关系。惠勒把木棺板拿给他的朋友莫雷看，莫雷又与他的同行斯泰德进行了讨论。

斯泰德和莫雷都认为，木棺上描绘的是一个灵魂饱受折磨、需要获得自由的女性形象。他们建议将这具木棺捐赠给大英博物馆，后来他们恳请博物馆举行一次与亡灵对话的降神仪式，但被博物馆拒绝了。他们相信这具木棺是造成惠勒家庭不幸的原因，于是开始讲述有关木乃伊诅咒的故事。因为斯泰德的文字驾驭能力远超常人，所以这个木乃伊诅咒的故事也就变得非常生动和震撼人心，在“泰坦尼克”号的休息区不断被讲述。

实际上，当木棺被捐赠给大英博物馆时，里边根本就没有木乃伊，很可能木乃伊很久以前就流落在埃及某处了。“泰坦尼克”号的货舱清单也证明当时既没有木乃伊，也没有彩木棺，这艘巨轮下沉的时候，彩木棺正在大英博物馆展出，一如今天静静地陈列在展厅当中。但是，木乃伊诅咒的故事并没有就此消弭，后来厄内斯特·瓦里斯·巴奇（Ernest Wallis Budge）爵士，也就是大英博物馆埃及古物部的管理者发布了声明，驳斥了所谓“厄运木乃伊”的传闻。

博物馆的工作人员陆续受伤甚至死亡。

唯一能把木乃伊和“泰坦尼克”号联系在一起的线索，就是斯泰德在船上讲述了这个有关埃及诅咒的故事。虽然斯泰德可能与这艘巨轮一同沉没了，但是木乃伊诅咒的故事却并未随之湮灭。类似的故事会一直流传下去，任何一个喜欢听精彩故事的人都会为之着迷。

其他著名的诅咒

墓室诅咒与后世的迷信，二者的联系千丝万缕

阿蒙拉的诅咒，仅仅是与古埃及有关的众多诅咒之一。所谓法老们的诅咒早已流传日久，历史上有很多渎亵了墓葬后惨遭不幸的故事。其中最著名的可能就是卡纳冯勋爵（Lord Canarvon）的故事，说他在开启图坦卡蒙墓室之后死去。

实际上，卡纳冯勋爵是执着于探寻图坦卡蒙陵墓的十多人之一，这些人都在墓室被开启之后的十年间去世了，有的是自杀，有的是死于谋杀，还有的是死于疾患和伤病，其中每个故事都让木乃伊诅咒之说盛行一时。但是，还有很多并不知名的人，他们在图坦卡蒙墓室开启之时也在现场，而他们却很长寿。实际上，图坦卡蒙的陵墓里根本就没有什么咒语。

虽然与11位故去之人形成对比的还有50多位幸存者，但是法老复仇的刺激故事还会上演……

▲ 卡纳冯勋爵在开启图坦卡蒙墓室后的六个星期去世，木乃伊诅咒的谣言由此传播开来

图坦卡蒙：少年国王的诅咒

这里讲的是，仅凭一项考古发现、一个人的决心，一位不为人知的少年国王是怎样在世界范围内成为埃及学象征的

弗朗西斯·怀特

清理墓门前的碎石，仿佛耗费了一辈子的时间。卡纳冯勋爵一直在狭小的甬道里来回踱着步子，他的女儿伊芙琳夫人（Lady Evelyn）焦虑地摆弄着自己的头发。不过，霍华德·卡特（Howard Carter）安静地站在那里观察着，等待着。当整扇门都清理干净之后，他朝门的方向走去。凿子越往里探，卡特的手就颤抖得越厉害。等他把石膏层钻下去以后，他听到了轻微的“叮当声”，他钻通了一个极小的孔洞。接着，他把一根长铁杆伸进孔去，谢天谢地，情况表明不管孔洞的那一边有什么，但至少不再是满地的碎石了。燃烧的蜡烛也说明里面并没有什么有毒气体。他一言不发，将孔洞一点点扩大，等到足够可以伸进一支蜡烛的时候，他借着烛光向里看去，一片漆黑。他的眼睛努力地适应着黑暗，当尘封的一股热气从狭小孔隙中涌出来时，烛光开始摇曳起来。厚厚的尘雾慢慢变薄，影像逐渐呈现出来。在飘忽不定的迷雾中，他看到了奇特的形象，一些前所未见的奇特的动物、高耸的雕像，遍地的黄金在黑暗中闪烁。

“看得见什么吗？”卡纳冯勋爵的声音惊醒了他。卡特已经完全忘记了周围其他人的存在。他嘴唇发干，舌头僵硬，用尽全身力气说了三个字。

“嗯，极品。”

从亚历山大到恺撒再到哈德良，古埃及及其一系列未解之谜，一直是人类历史上一些伟大人物痴迷和好奇的对象。不过，最后是拿破仑追随心中英雄的指引，真正开启了埃及学的时代。1789 年 5 月 19 日，拿破仑率领 17000 人的军队扬帆抵达东方。同行的还有 150 位工程师、科学家、学者、建筑师、测量员、制图师，他们都渴望了解和研究能够发掘到的奇迹，他们在这片土地上可以自由探索。拿破仑的探险队很快就在国王谷发现了新的墓葬，国王谷的得名源于很多法老选择将此地作为自己最终的安息之地。渴望发掘出古埃及奇迹的强烈愿望，弥漫了整个法国军队，甚至拿破仑这位野心勃勃的年轻将军自己也感染了这种狂热的情绪。在接下来的一个世纪里，来自世界各地的考古学家和探险家对埃及数量庞大的墓葬、墓室和其他埋藏的珍宝进行了考古发掘。尽管如此，还是有一个人的墓葬人们未能发现，那就是在位不足 10 年、名不见经传的少年国王图坦卡蒙。

▲ 卡纳冯勋爵乔治·赫伯特（右），是那个时代最著名的埃及学家

霍华德·卡特原本可能并不是揭开这一神秘古代宝藏的人选。卡特没有接受过正规的学校教育，作为画家之子，他涉猎古埃及的历史主要是因为他的绘画才能。在他 17 岁的时候，他就开始被雇用临摹墓室的壁画。他曾经为技术娴熟的发掘者弗林德斯·皮特里（Flinders Petrie）工作，后者已经发现了神秘法老图坦卡蒙的蛛丝马迹。年轻的卡特并不知道图坦卡蒙国王是谁，但是他听闻过这位国王的各种传言，传说图坦卡蒙的陵墓就位于这片广袤沙漠的某个地方，至今未被发现，墓室里装满了古代的各种奇珍异宝，这些传闻点燃了这个男孩儿的好奇心。

卡特的职业生涯一路顺利，但是他的个性颇为火爆和顽固，当时曾有法国游客殴打埃及卫

▲ 卡特对墓室中珍宝的处理小心翼翼，但对木乃伊本身的处置却不够细致

兵，他则鼓励埃及卫兵反击自卫，并且后来坚决拒绝就此事道歉。从这件事情的处理上，他的个性可见一斑。因此，他彻底离开古物管理局（the Antiquities Service），成为一名自由职业者。同一时候，古物管理局的一位私人赞助者狄奥多尔·M. 戴维斯（Theodore M Davis）和他的团队正在对国王谷进行试掘。他们发掘了一处小型遗址，出土了几件带有图坦卡蒙名字的手工制品。毫无疑问，戴维斯的发现并没有引起任何轰动。戴维斯坚信自己发现的是已被盗掘一空的图坦卡蒙国王墓葬。对于这次发掘，他在公开出版物中写道：“国王谷恐怕已经挖掘净尽，再也挖不出什么东西了。”

图坦卡蒙 9 岁时登上王位，对木乃伊的研究显示，这位少年国王仅仅统治了近 10 年时间，在 19 岁时死亡。

但卡特并不认同这种观点。他想证明戴维斯发现的并非真正的图坦卡蒙墓葬，但是他没有必备的发掘基金——他现在没有工作，靠向富有的游客出卖画作谋生。不过，他很幸运，埃及的诸多未解之谜吸引了富有但文弱的第五代卡纳冯勋爵乔治·赫伯特（George Herbert）的兴趣。卡特和卡纳冯勋爵两人都渴望能在埃及获得重大发现，他们需要他人的技术和资源支撑。1909 年，两人组建了考古队，当 1914

▲ 图坦卡蒙墓葬遗址位于国王谷中

年戴维斯放弃国王谷发掘许可权的时候，卡特和卡纳冯勋爵抓住机会，拿到了发掘许可。不过，他们的朋友都认为这两个人太过理想主义，太过幼稚，并警告说他们进行的发掘最后只会让卡纳冯勋爵倾家荡产。

卡特并没有被吓退，他开始寻找图坦卡蒙的墓葬，他坚信它一定存在。工作甫一开始就被第一次世界大战打断，最后直到 1917 年发掘工作才得以继续进行，发掘活动从地表一直向下延伸到谷底岩床。这是一项漫长而又费力的工作，据估计，卡特的发掘团队要在埃及太阳的暴晒下搬移 15 万—20 万吨的碎石。经过六季的发掘，他们依然一无所获。卡纳冯勋爵开始相信此前那些劝告应该是正确的。起初，他被埃及的发掘前景弄得眼花缭乱，还有卡特那无尽的热情鼓舞，但是，当他发现投到项目中的资金毫无回报时，他变得越来越不耐烦了。

卡特竭力说服了他的朋友卡纳冯勋爵，卡纳冯勋爵答应他再进行最后一季发掘，如果再找不到墓葬，就不再注入资金，图坦卡蒙墓葬的探寻工作也将宣告结束。非常情况采取非常措施，卡特另辟新区，将他的精力集中在此前未曾发掘过的古代建陵工人房舍区，这块区域位于拉美西斯六世陵墓入口处的下方。这里之所以未展开发掘，是因为发掘会引起那些渴望参观陵墓的好奇游客的扰乱。1922 年 11 月 1 日，他们开始清理碎石，仅仅三天后就发现了一个凿岩而成的台阶。卡特和他的团队沿阶而下，发现了一扇封住的石膏门，上面盖有一个奇特的印章。11 月 6 日，卡特发电报给他的赞助者：“谷内有重大发现，巨陵封口完整，已经覆盖，候归，特表祝贺。”

卡特面临的可能是他一生中最漫长的等待。在等待卡纳冯勋爵到来的时候，他开始思考墓室中可能会发现什么。现在他已经对失望司空见惯，他只是悲观地推测，他们发现的可能只是某一王朝的普通墓葬。即使墓门已经完全暴露出来，“图坦卡蒙”名字已经被释读，他还是认为这不过是图坦卡蒙本人或者他的官员为墓室封缄的印戳而已。而且，墓室应该已经被古代盗墓

贼光临过了，里面很可能空空如也。直到决定命运的那一天到来，当他借着摇曳的烛光凝视墓室的时候，他才彻底明白自己这项发现的重大意义——他的坚守一直是对的，这里就是那位神秘莫测的法老的陵寝。

当墓门终于完全打开时，映入眼帘的是无数精品。所谓的前厅里堆满了成排的珠宝、精美的金箱、大型车马、动物形状的床榻以及种类丰富的其他珍品。但是，卡特很快就注意到这里没有棺椁。西墙和北墙上的密封门很可能有机关。在卡特和卡纳冯勋爵看来，由国王本人的两座雕像守卫着的北墙可能性比较大。这种诱惑难以抵挡，他俩没有通知古物管理局，与伊芙琳夫人三人在夜色中秘探墓室。

他们的好奇心得到了充分的满足，但是作为侵入者，他们也急于掩藏非法探险留下的所有证据。他们把用来钻入墓室的洞口重新封堵住，甚至把现代石膏藏在一个位置奇怪的篮子盖后面。这种遮掩的手法很拙劣，很快，他们夜间探险的行为就被遗址监督员发现。幸运的是，大家都沉

发掘国王的陵墓

获得发掘资金

霍华德·卡特说服卡纳冯勋爵出资支持他寻找图坦卡蒙的墓葬。这一时期，他开始了在国王谷的发掘工作，但是到1922年，卡特仍一无所获，卡纳冯勋爵计划只提供最后一季的发掘资金。

1917—1922年

向正确方向迈进

霍华德·卡特临时开辟新的发掘现场，工人们发现了一段凿岩而成的台阶。

1922年11月4日

发现国王墓葬

卡特发现密封的墓门，墓门后是一段甬道。随后，他给卡纳冯勋爵发电报告知此事。

1922年11月5日

了不起的发现

透过一个极小的孔洞，卡特瞥见他所描述的“精美绝伦的物品，琳琅满目，美不胜收”。

1922年11月26日

探险

卡特、卡纳冯勋爵和伊芙琳夫人发现了一道密封的墓门，他们偷偷重新打开古代盗墓者的盗洞，爬了进去。

1922年11月27日

墓室

卡特打开了通往法老墓室和棺椁的密封墓门，正式开启墓室是在第二天。

1923年2月16日

诅咒开始

卡纳冯勋爵死于蚊子叮咬后的感染，卡特与官方和新闻界取得联系。

1923年4月5日

转折点

在官方的干预下，卡特紧锁墓门，拒绝将钥匙交还法国古物管理局局长。

1924年2月12日

久候的回归

卡纳冯勋爵夫人同意放弃对墓室的权利。卡特回归工作，墓室正式对外开放。

1925年1月25日

工作完成

对墓室的保护工作最终完成，墓室里的珍宝被送到开罗埃及博物馆。

1932年

走进陵寝内部

进入少年国王的陵寝，包括各个不同的房间和墓室

01 台阶

16级台阶凿岩而下，到达第一道墓门。这道门是密封门，抹有石膏。不过，上面的痕迹表明这道门在古代至少曾经被盗墓者打开过两次。

02 甬道

甬道沿地势平稳向下，最初这里是用石灰石碎块和瓦砾堆垒堵死的，用来阻挡盗墓者。甬道的尽头是第二道石膏封闭门，门上有图坦卡蒙王室印章的封戳。这道门上的痕迹也显示它曾经被打开过。

03 前厅

这座陵寝被发现时呈现出一种混乱状态，里面堆满了大堆的珍宝，包括图坦卡蒙的王座、两座等身大小的国王雕像、一驾精美的战车。陵寝墙壁非常粗糙，没有任何装饰，这不禁让人想到，此处只是一个临时的仓促的埋葬地。

他的坚守一直是对的，这就是那位神秘莫测的法老的陵寝。

04 侧室

侧室是陵寝中最小的房间，被发现时物品呈凌乱状态。里面堆满了家具、篮子、模型船，还有其他更多的东西。这是最后发掘的一个墓室，1927 年 10 月开始，1928 年春季结束。

07 死亡面具

在石棺第三层棺椁中的木乃伊上发现了这个死亡面具。它由纯金制成，重达 24 磅（约 10.886 千克）左右。死亡面具的设计，是为了确保灵魂在来世能够辨认出自己的身体。

05 主墓室

这是陵寝中唯一有装饰的墓室，墙壁涂成了亮黄色，表现了图坦卡蒙与诸神在一起的情景。这些壁画尺寸不合常规，刻画不够细致，表明埋葬很仓促。墓室中有四座木质神龛，环绕石棺设置。

06 珍宝室

这间墓室没有门阻隔，里面装满了 5000 多件物品，其中大部分与葬礼或者祭祀相关。墓室中还发现了两个木乃伊胎儿，许多人认为他们是法老过早夭折的孩子。

▲ 发现图坦卡蒙陵墓之后的卡纳冯勋爵（右）和霍华德·卡特（右二）

浸在这一惊世发现的兴奋之中，没有人去深究古墓里为什么会出现奇怪的现代石膏。

11 月 29 日，新闻记者齐聚一起参加陵寝的正式开放，当地人已经开始在国王谷漫天的尘沙中搭起临时摊位，贩卖图坦卡蒙主题的圣诞卡。卡特虽然很渴望知道主墓室里有些什么，但他还是一丝不苟地清理和记录前厅以及侧室中发现的每件物品。当然，他现在已经知道北侧墓门的后面是什么了，他已经见过了。卡特花费了两个半月完成了这项艰巨的清理和记录任务。对卡特和他的团队来说这是一件伤脑筋的事情，他们担心这些异常脆弱的古代艺术品被他们碰触后会化为乌有。他们对发掘出的每个大箱子都要再进行一次小型发掘，因为这些古代物品当初都是匆忙塞进去的，摆放任意且杂乱。

终于等到正式开启主墓室的时刻，卡纳冯勋爵发表了演讲，正如他兄弟描述的那样，卡纳冯勋爵极其紧张，像一个“淘气的男学生”，很明显，他如此紧张是因为担心他们夜晚侵入墓室的事情被发现。不管怎样，当时卡特冲破那道墓门，他们一下子挤进去三个人。眼前看到的情景让人震惊，一座 2.7 米高的镀金神龛，几乎占据了整个墓室。神龛通体镀金，毫无疑问是放置国王棺椁的。这里是主墓室已经确定无疑，在主墓室的